Pon Tus Palabras a Trabajar

Aprende a Usar la Voz de Autoridad

Por
Lance Ivey

Las escrituras son tomadas de la Santa Biblia Reina Valera © 1960. Derechos de autor ©1982 por Thomas Nelson, Inc. Utilizado con permiso. Todos los derechos reservados.

Las citas bíblicas señaladas son tomadas de la Santa Biblia Reina Valera Antigua.

Las citas bíblicas tomadas de La Biblia de las Americas, Derechos de autor ©1954, 1958, 1962, 1964, 1965, 1987 por The Lockman Foundation. Utilizado con permiso." (www.Lockman.org)

Las escrituras tomadas de La Biblia en Lenguaje Contemporáneo. Derechos de autor 1993, 1994, 1995, 1996, 2000, 2001, 2002. Utilizados con permiso de NavPress Publishing Group."

Las escrituras tomadas de la SANTA BIBLIA NUEVA VERSION INTERNACIONAL®. Derechos de autor © 1973, 1978, 1984 Biblica. Utilizados con permiso de Zondervan. Todos los derechos reservados.

Las citas bíblicas son tomadas de la Santa Biblia, Nueva Traducción Viviente, derecho de autor 1996, 2004. Utilizado con permiso de Tyndale House Publishers, Inc., Wheaton, Illinois 60189. Todos los derechos reservados.

Poniendo Tus Palabras a Trabajar
ISBN: 978-1-68031-156-3
Derechos de autor © 2017 por Lance Ivey
www.LanceIvey.com

Publicado por:
Harrison House Publishers
www.harrisonhouse.com

Todos los derechos reservados bajo International Copyright Law. Ninguna porción ni parte de esta obra se puede reproducir, ni guardar en un sistema de almacenamiento de información, ni transmitir en ninguna forma por ningún medio sin el permiso previo de la Editorial o Autor.

Contenido

Prólogo 1

Lo Que Otros Están Diciendo 3

Introducción: Primeras Palabras 5

Capítulo 1   El Antiguo Arte de la Confesión 9

Capítulo 2   ¿Cuál Es la Voz de Autoridad 39

Capítulo 3   Como Esta Voz es Moldeada 63

Capítulo 4   Viaje a Través del Mar 75

Capítulo 5   La Autoridad que Jesús Accedió en la Tierra ... 99

Capítulo 6   Autoridad Oculta y Revelada 125

Capítulo 7   Las Palabras Dominan Nuestras Vidas 157

Capítulo 8   Palabras Dominantes en Acción 171

Capítulo 9   Pon Tus Palabras a Trabajar Para Ti 197

Acerca del Autor 207

Prólogo

En varios aspectos, la iglesia ha perdido su voz. No dije que hemos perdido nuestro ministerio o nuestra habilidad de hablar. Lo que digo es que hemos perdido nuestra voz, y no es que no estemos diciendo nada. Es más como, "¿Tenemos algo que decir?" La distinción es encontrada en porque dicen de Jesús, "Enseñaba como quien tiene autoridad"

Esta es la razón por la que Lance Ivey ha escrito un libro tan importante para un tiempo como este. Pon Tus Palabras a Trabajar es una guía para dirigir a la iglesia de regreso a su legítimo lugar de autoridad en el uso de nuestras palabras. En ciertos corredores de la iglesia hemos ingeniosamente publicado la importancia de confesar la Palabra y no las circunstancias que estamos enfrentando, pero no les decimos como hacerlo, y hemos hecho el proceso ineficaz, y en gran medida, sin autoridad. En este libro esencial e importante trabajo, Lance no solo define y aclara las verdades significantes acerca de hablar la palabra de Dios con autoridad, pero el también demuestra con simplicidad y practicidad como poner nuestras palabras diarias a trabajar.

Lo que los secularistas llaman hablar con uno mismo y nosotros llamamos confesión que es valiosa y esencial para una vida plenamente productiva. Psicolingüística es un estudio que nos dice como nuestras palabras afectan nuestras vidas. Es la versión secular de lo que nosotros llamamos doctrina bíblica de confesión. Se ha comprobado que si

Pon Tus Palabras a Trabajar

confesas algo entra en tu sistema de creencias personal el 10%.

Si lo confiesas con imaginación, entra en tu sistema de creencias el 55%. Si lo confiesas con imaginación y emoción entra en tu sistema de creencias al 100%. Es entonces cuando puedes confesar algo con la autoridad de cambiar tus circunstancias y tu vida. En la fé aprendes a confesar algo en una forma personal, en tiempo presente y con declaraciones positivas. El resultado es autoridad para cambiar tu vida.

Lance Ivey siempre ha sido un gran pensador y comunicador. Él ahora ha escrito una herramienta para ayudarte a ti y a la iglesia a retomar su lugar en el planeta y recolectar el poder ilimitado del Reino de Dios.

Ron McIntosh
Presidente, Ron McIntosh Ministries
www.ronmcintoshministries.com
Director Ejecutivo, Victory Bible College
Director de Educacion, Victory Christian School
Tulsa, OK
Autor de *Keep the Flame Burning, The Quest for Revival, The Greatest Secret & Organic Christianity*

Lo Que Otros Están Diciendo

"Este maravilloso recurso de Lance Ivey no solo es un libro, es una experiencia irresistible y un trayecto que impactara tu vida. Cada capítulo que leerás abre los ojos de tu entendimiento y te desafía a escavar más profunda la Palabra de Dios. A como vas leyendo a través de Pon Tus Palabras a Trabajar, encontraras que esta apilada tan hermosa y profundamente que se siente más como un libro de jugadas escrito con claridad y él es el "entrenador". "Entrenador" Lance es un maravilloso maestro, orador y alentador. Yo sé que este libro que cambiara tu vida te bendecirá a ti como me ha bendecido a mí. Te servirá como un gran libro de jugadas, y como un buen entrenador diría, "si ejecutas la jugada" obtendrás los resultados que deseas."

Pastor Skip Henderson
World Outreach Center, Milwaukee, WI

"Lance Ivey ha, con fiel pasión, presentado ante el Señor buscando sabiduría, revelación, entendimiento y conocimiento en lanzar la autoridad confiada al Cuerpo de Cristo. La respuesta del Señor, escrita por la obediencia de los oídos de Lance, habla a través de las páginas de este libro. Yo personalmente compre, "Pon Tus Palabras a Trabajar" para aquellos que conducen ministerios en la iglesia donde pastoreo, y ha probado ser una inversión muy fructífera."

John Short Jr
Pastor Fundador, Maine Life Gate Church
Limerick, ME

Pon Tus Palabras a Trabajar

"He visto la vida de Lance y lo que ha superado a través de hablar con autoridad en situaciones imposibles, y para ser honestos…Estoy asombrado con los resultados. Este libro cierra de golpe la puerta a los errores, excesos y la comprensión inmadura de fé y confesión, y descubre la verdadera y relacional autoridad bíblica que por medio de nuestras palabras una vez más una nueva generación de Josués enfrentando sus Jericós."

Jeff Baldwin
Pastor Principal, The Refuge Church DFW
Bedford, TX

Introducción: Primeras Palabras

Cada vez que emprendemos un viaje o perseguimos la finalización de un proyecto, una de las cosas más importantes que debemos hacer es establecer expectativas y metas. En ese proceso, debemos escoger palabras que precisamente reflejan y expresan lo que queremos priorizar y realizar. Hacemos bien en escribir las expectativas y metas que deseamos con palabras escogidas específicamente. Y entonces, debemos de entender y usar nuestra voz—la voz de autoridad que nos ha sido dada por Dios—con la intención escrita de saber cómo utilizar la confesión bíblica como ley para crear, establecer, y completamente experimentar la vida que Dios siempre nos ha destinado a vivir—en breve, a transformar nuestras vidas de donde estamos hacia donde deseamos estar como una realidad viva diaria.

Mucho se ha hablado del tema de palabras y la capacidad de halar del hombre. Una persona elocuente en discurso ha sido descrita de tener una lengua que trabaja como la pluma de un escritor listo. El hombre ha sido descrito como un pensante y "espíritu hablante" creado en la imagen y semejanza de Dios para funcionar en la tierra de manera semejante a Dios. Los filósofos sociales de siglos anteriores proclamaban la creencia en que la "pluma es más poderosa que la espada" enfatizando que las palabras correctamente

Pon Tus Palabras a Trabajar

elegidas sostienen fuerza y poder que exceden la fuerza y la violencia cruda.

¿Qué hay acerca de las palabras ambas escritas y habladas, que causan tan explosivo, dinámico, y eficaz poder que es penetrado dentro de ellas? Sin importar que otras cualidades podamos atribuir al poder en las palabras que expresamos, el carácter, integridad, y autoridad de tras de esas palabras son claves definitivas que revelan el origen de su poder. Y más notablemente, la autoridad que respalda las palabras habladas es en el corazón del por qué hablar con la voz de autoridad puede ser tan potente.

Mateo 7:29 describe la impresión que Jesús dejo con los que lo escucharon hablar después de que les dijo: "Y cuando termino Jesús estas palabras, la gente se admiraba de su doctrina; porque les enseñaba como quien tiene autoridad, y no como los escribas."

Lucas presento la misma observación después de que Jesús enseno la Palabra de Dios a las multitudes que poblaban sus reuniones. Lucas 4:32 dice, "Y se admiraban de su doctrina, porque su palabra era con autoridad". Después de usar Sus palabras para ministrarle a un hombre para expulsar un "espíritu de un demonio inmundo", las personas que fueron testigos de esto "estaban todos maravillados, y hablaban unos con otros, diciendo: ¿Qué palabra es esta, que con autoridad y poder manda a los espíritus inmundos, y salen?"(Lucas 4:36)

En estos casos, Jesús estaba demostrando y lanzando la voz de autoridad en la tierra. Cuando la voz de autoridad

Introducción: Primeras Palabras

era usada, las cosas a su alrededor cambiaban para ajustarse a la dirección en la que hablaba.

Las mismas cosas que se hablaban de Jesús mientras usaba la voz de autoridad son las que deben ser habladas acerca de cada creyente. Sé lo poco realista que esto aparenta ser pero si alguna parte del Cuerpo de Cristo hablara con Su autoridad, tendrían derecho a los mismos resultados que Jesús experimento en Su cuerpo mientras estaba en la tierra.

Tomando esto en cuenta, las palabras que aquí se presentan son ofrecidas como un recurso conciso para describir y definir la voz de autoridad y para enseñarnos a crecer en nuestro entendimiento, experiencia y uso de la voz de autoridad. La intención es que usted obtenga sustancia adicional para construir conviccónes e inculcar poder permanente por medio de verdad espiritual que permanezca por todas las generaciones. El elemento de servicio de este recurso es el alimentar tu espíritu, fortificar tu alma y ofrecer sustento que se presta para desarrollar una creciente prosperidad en tu alma. El elemento de vida es designado para que pueda experimentar el fruto productivo de hablar con la voz de autoridad de tal manera que en que la calidad de su vida y la vida de los que le rodean sean verificablemente mejores.

Si quieres algo que te sirva para toda la vida, encontraras pruebas que funcionan en estas páginas, pero puede tomar tiempo y esfuerzo para ver los máximos resultados. Sin embargo, puedes estar seguro que cuando la verdad este asentada en tu corazón, producirá una corriente constante de resultados. Jesús dió este tipo de garantía en Juan 8:31-

Pon Tus Palabras a Trabajar

32 donde está registrado, "Si vosotros permaneciéreis en mi palabra, seréis verdaderamente mis discípulos; Y conoceréis la verdad, y la verdad os hará libres." El esfuerzo que inviertas de hoy en adelante en hablar con la voz de autoridad valdrá la pena su tiempo, tanto en el transcurso de su vida y más allá de ella.

Capítulo 1

El Antiguo Arte de la Confesión

El antiguo arte de confesión tiene su base en la voz de autoridad. La confesión bíblica, o el uso adecuado de las palabras correctas basadas en la verdad espiritual, son un principio bíblico y realidad espiritual arraigada en Dios, y esta infundida en el tejido de su propia naturaleza. Encontramos la evidencia primitiva de la voz de la autoridad en la Biblia describiendo la época del tiempo llamado "en el principio."

El libro de Génesis nos da un reporte preciso de lo que Dios dijo con la autoridad de dirigir el mundo físico hacia la estructura y forma de Sus intenciones e instrucciones. En el reporte de Génesis 1, Dios hablo repetidamente lo que deseaba y creía, y Él vió los resultados concretos de lo que Él habló.

Como vemos en Isaías 46:10-11, Dios habla de Sus resultados esperados desde el principio de Sus planes. La voz de autoridad es instrumental en el proceso de hacer que las "cosas" se cumplan.

Que anuncio lo porvenir desde el principio, y desde la antigüedad lo que aún no era hecho; que digo: Mi

Pon Tus Palabras a Trabajar

consejo permanecerá, y haré todo lo que quiero. Yo hablé, y lo haré venir; lo he pensado, y también lo haré.

Isaías 46:10-11b RVR1960

Dios ha usado este método de "anunciar lo porvenir desde el principio, y desde la antigüedad" en cada aspecto de Su Reino. Dios ha determinado desde la antigüedad que las cosas que Él quiere que ocurran serán habladas desde su autoridad originaria. Y lo que El habla El hará que se cumpla.

El confesar no es simplemente algo que Dios hace, sino que esta contenida dentro de la naturaleza de quien es Él, como vive y el propósito detrás del por qué Él hace las cosas como las hace. La confesión es definida dentro de la medida de Su naturaleza auto existente.

Es importante ver y entender que el confesar no solo es un principio que el hombre ha descubierto durante los últimos 50 o 100 años. A pesar de que la confesión puede ayudar a facilitar la adquisición de provisión financiera y material, no es un juegete que solo podemos disfrutar en nuestra vida personal. La confesión no es un arma para atacar a las personas que no nos caen bien, ni es parte de un arsenal para que los arrogantes lo ejerciten. La confesión tiene un propósito más profundo. Considera estos cinco puntos que ilustran el antiguo significado de la confesión.

Primero, la confesión es una realidad del reino antiguo y la ley divina que está arraigada en Dios. Dios uso el lanzamiento de palabras al confesar la creación de los cielos y la tierra, y hablar el universo físico y el reino del tiempo en existencia.

Segundo, este proceso de palabras habladas es lo que Satanás intentó usar para usurpar la autoridad y arrojar a Dios en un intento a quebrantar toda la estructura corporativa del cielo y el Reino de Dios. Satanás intentó tomar el poder gobernante del Reino de Dios, pero Dios fácil y claramente demostró Su superioridad sobre su subordinado creado. Dios ejerció e impuso una defensa efectiva, resistencia firme y un abrumador ataque ofensivo en contra de Satanás por medio de lo que habló en contra del enemigo.

Tercero, la confesión estuvo involucrada en lo que Jesús estratégicamente empleo autorizar Su resurrección y así cumplir el plan de redención y preservar la raza humana como familia de Dios. Las acciones que corresponden con lo que Jesús dijo eran de obvia importancia, pero la alineación de su corazón con Sus palabras era necesaria para tener éxito en el trabajo.

Cuarto, la confesión bíblica es la autoridad que una persona usa para el nuevo nacimiento, ser renacidos. Hay un día que viene en el que toda rodilla se postrará y toda lengua confesará que Jesucristo es el Señor para la gloria de Dios. La persona sabia elige por el poder y acción de su voluntad el hacerlo en esta vida aquí en la tierra en lugar de después en el juicio que viene con muerte física.

Y quinto, a causa de la realidad de la vida eterna, el hijo renacido de Dios debe agresivamente, intencionalmente, y proactivamente usar esta ley divina de confesión para ayudarles a madurar en la plenitud de su nueva naturaleza que les ha sido dada por Dios. Esto incluye, pero no limita, el entrenamiento del espíritu a hablar con la voz de autoridad para provisión material, sanidad y salud, una carrera de vocación exitosa, buena reputación y en respetabilidad general, excelencia y bienestar en su vida.

Veamos cada una de estas cinco áreas enlistadas más de cerca.

Cinco Verdades Básicas Que Debemos Comprender Acerca De La Confesión Biblica

VERDAD #1: La confesión es una realidad del reino antiguo y ley divina que está arraigada en Dios.

Dios usó el lanzamiento de palabras para confesar la creación de los cielos y la tierra, y hablar el universo físico y reino del tiempo en existencia.

Por la fe entendemos haber sido constituido el universo por la palabra de Dios, de modo que lo que se ve fue echo de lo que no se veía.

Hebreos 11:3 RVR1960

Muchas veces este versículo es usado en conexión a la creación considerando Génesis 1, pero el contexto literal de este versículo en Hebreos 11 es fuertemente inclusivo de y trata con eras de tiempo y no singularmente con mundos físicos. Pero el principio todavía aplica de manera significativa a la creación física. Estudiemos esto completamente.

Reconozco al conocido estudiante Griego Rick Renner por ayudarme a comprender distintas de las palabras y conceptos rodeando algunos de los primeros versículos de Hebreos 11 en mucha mejor luz. Como el señor Renner declaró, "sí Hebreos 11:3 se estuviera refiriendo específicamente a la creación, una de dos palabras Griegas hubiera sido usada, ya sea la palabra Griega cosmos o ecúmene que hubieran sido escritas. Cosmos se refiere al universo. Ecúmene se refiere físicamente al planeta tierra o a las partes inhabitadas de la tierra. Lo más probable, si hubiera el escritor de Hebreos estado hablando primeramente del reporte de la creación, hubiera usado *cosmos* o *ecúmene*, pero ninguna de estas palabras fue usada en este caso."

En lugar la palabra Griega utilizada es *aion*. *Aion* describe específicamente periodos de tiempo en la historia del hombre, como un año, una década, un siglo, o un milenio. Este periodo de tiempo específico tiene un comienzo concreto, y tiene un final concreto. Un *aion* sería un específico, y asignado periodo de tiempo, de un día o menos, o hasta un milenio o más. Puedes medir un tiempo asignado de principio a fin-tiene un comienzo muy específico y un final muy específico que puede ser demostrado.

Esto también podría también describir una generación, porque una generación tiene un principio y un fin. Ciertamente se aplicaría en el reporte de la Creación. Dios comenzó "en el principio" y descansó de su trabajo después de seis días. El completó o terminó su trabajo después de un periodo específico de tiempo.

Hebreos 11:3 podría ser traducido, "Por la fe comprendemos, que las diferentes épocas de tiempo, diferentes generaciones entre la historia de la humanidad fueron restauradas- creadas y establecidas- por medio de la Palabra de Dios."

Consideremos también aquí la palabra "restaurar" que es la palabra Griega Katartizo y significa "rendir ajuste, entero y completo; mandar o reparar algo quebrantado; para arreglar, ajustar y poner en orden; para restaurar y fortalecer y para hacer de uno lo que debe ser." También significa "el tomar algo ya existente para recrearlo o completamente remodelarlo."

Una vez más, el principio es firme en que Dios creo la tierra adecuada, entera y completa-para que el impacto de lo que Dios dijo en el proceso de la Creación física fuera demostrado. Recuerden Génesis 1:2 dice "Y la tierra estaba desordenada y vacía, y las tinieblas estaban sobre la fa del abismo".

La tierra estaba en un lugar de ajuste y arreglo, y puesto en orden. La tierra estaba en existencia pero de algún modo sin forma, vacío y obscuro. Dios tomo algo que ya existía para recrear y remodelar la apariencia visible para que fuese reordenada por la luz para tomar la forma de Sus deseos.

¿Cuándo paso esto? De acuerdo a Génesis 1:1, esto paso en el principio.

El Antiguo Arte de la Confesión

¿Por cuánto tiempo paso? Génesis 1 da una medida de seis días. Génesis 2:1-2 dice Dios reposo en el séptimo día- no porque estaba agotado y no estaba en forma para seguir, pero porque había terminado Su trabajo. El trabajo ya estaba hecho.

¿Cómo pasó esto? Dios dijo. Él habló para crear y formar el mundo en el cual viviría el hombre. Observen cuantas veces vemos una referencia donde Dios está hablando en Génesis 1.

Y dijo Dios: "Sea la luz; y fue la luz." Luego dijo Dios: "Haya expansión en medio de las aguas..." Y llamó Dios a la expansión Cielos. Dijo también Dios: "Júntense las aguas que están debajo de los cielos en un lugar, y descúbrase lo seco...." Y llamó Dios a lo seco Tierra... Después dijo Dios: "Produzca la tierra hierba verde, hierba que de semilla; árbol de fruto que de fruto según su género, que su semilla este en él, sobre la tierra..." Dijo luego Dios: "Haya lumbreras en la expansión..." Luego dijo Dios: "Produzca la tierra seres vivientes según su género..." Entonces dijo Dios: "Hagamos al hombre a nuestra imagen, conforme a nuestra semejanza; y señoree..." Y los bendijo Dios, y les dijo: "Fructificar y multiplicaos; llenad la tierra, y sojuzgadla, y señoread..."

Génesis 1:3, 6, 8-11, 14, 24, 26, 28 RVR1960

Estas declaraciones no solo están grabadas en la Biblia con el propósito de tener un reporte histórico de lo que se dijo. Este proceso verbal es destacado para revelar los componentes claves en el proceso creativo. ¿Qué pasó cuando

Pon Tus Palabras a Trabajar

"Dios dijo" estas palabras? Dios vio que lo que habló sucedió. Génesis 1:31 dice, "Y vio Dios todo lo que había hecho, y he aquí que era bueno en gran manera." Si regresas y observas, en cada caso encontrado en Génesis 1 donde "Dios dijo", encontraras estas declaraciones confirmantes: "Y fue así" y "Vio Dios que era bueno."

Hay algunos puntos importantes que debemos hacer acerca del patrón de operación que Dios emplea.

Dios no se asusta durante el proceso de hacer las cosas como Él quiere que sean.

Dios usa palabras para cambiar lo que es visto.

Las cosas se hicieron cuando Dios dijo que se hicieran, no cuando vio que estaban hechas.

Cuando decimos lo que Él dijo podemos ver lo que estaba destinado ser.

Podemos ver lo que es bueno cuando decimos lo que Él dijo.

Las palabras son diseñadas para crear, ver y experimentar lo que es bueno en los ojos de Dios.

Las palabras deben ser usadas primordialmente para la creación de mundos para vivir.

Cada mundo tiene una atmosfera. Algunas atmosferas son más fáciles de habitar que otras. En ciertas épocas y temporadas, las temperaturas en ciertas partes del mundo suben y bajan a niveles incomodos. Sin equipo de climatización y tecnología o sin el refugio y vestimenta adecuada, esas condiciones pueden ser inaguantables, y hasta mortales. Cuando usamos nuestras palabras hábilmente, podemos crear una medida de climatización personal y así crear mejores mundos, mejores atmosferas para vivir, criar familias, trabajar y servirle a Dios. Lo que decimos se hace realidad cuando basamos y mantenemos lo que decimos con lo que Él dijo.

¿Por qué aconteció todo en Génesis exactamente como Dios lo dijo? Él tenía la autoridad de traer las cosas que habló a la existencia. ¿Por qué tiene esta autoridad? Dios tiene esta autoridad por medio de la supremacía de su auto existencia y por derechos de propiedad a través de la creación. Él no requiere la asistencia, socorro, permiso, o ayuda de nada ni nadie para existir y continuar existiendo, para funcionar y seguir funcionando, para vivir y seguir viviendo, para ser poderoso y perpetuamente persistir en ser poderoso. El originó la creación por lo tanto conserva todos sus derechos, autoridades, y privilegios sobre Su creación. Consecuentemente, puede delegar esa autoridad y su uso a quien Él quiera.

Notemos cuantas veces la palabra "dijo" o "llamo" aparece. ¿Cómo se relaciona esto en el aquí y el ahora? Piensa. Somos designados y construidos en la imagen y semejanza de Dios, y si somos nacidos de nuevo y tenemos espíritus recreados en Su naturaleza, se nos da el derecho de ser hijos e hijas- la autoridad que viene con ser la descendencia de Dios. Juan 1:12-13 demuestra esto aún más.

Pon Tus Palabras a Trabajar

Mas a todos los que le recibieron, a los que creen en si nombre les, dio potestad de ser hechos hijos de Dios, los cuales no son engendrados de sangre ni de voluntad de carne, ni de voluntad de varón, sino de Dios.

Juan 1:12-13 RVR1960

Al ser hijos de Dios y hechos a mano con su ADN, tenemos incorporadas cualidades y características de la misma manera a nuestro Padre Divino. Juan 4:24 dice, *"Dios es Espíritu"* Génesis 1 claramente revela que Dios habla. Si Dios es un Espíritu que habla, entonces es lógico pensar que Su descendencia toma la misma naturaleza que Él posee. Esto significa que cualquier hombre, mujer o niño que ha convertido en parte de la familia de Dios también es un espíritu que habla a Su imagen y semejanza. El mundo, y aquellos fuera de la familia de Dios, hablan un marco de referencia y una fuente diferente de autoridad que la de la descendencia de Dios. El principio de ser un espíritu que habla todavía puede servir para la persona que está en el mundo pero de un recurso espiritual diferente, una autoridad y motivación diferente.

Como espíritus que hablan en la familia de Dios, lo que decimos ordena los eventos de nuestras vidas y construye la manera en que las cosas comienzan a pasar de una forma sobrenatural, divina, perspectiva del reino de Dios. Cuando tenemos autoridad, recursos, personal y un plan que viene todo de Dios, lo que decimos toma enfoque y forma clara. Nuestro dicho dirige nuestro camino. Nuestro dicho despeja el camino para lo que creemos, imaginamos, y hablamos

El Antiguo Arte de la Confesión

para que sea fabricados frente a nuestros ojos y ocurre en nuestra vida diaria. A través del tiempo, nuestra vida diaria se convierte en la suma del cuerpo de palaras que constantemente hablamos. Igual que Dios.

VERDAD #2: Este proceso de palabras habladas es lo que Satanás intentó usar para usurpar la autoridad y arrojar a Dios en un intento a quebrantar toda la estructura corporativa del cielo y el Reino de Dios.

Satanás intentó tomar el poder gobernante del Reino de Dios, pero Dios fácil y claramente demostró Su superioridad sobre su subordinado creado. Dios ejerció e impuso una defensa efectiva, resistencia firme y un abrumador ataque ofensivo en contra de Satanás por medio de lo que hablo en contra del enemigo.

Satanás—o como se le refiere en Isaías 14, Lucifer—vio el poder del éxito de lo que confeso Dios y pensó en usar su manera de hacer las cosas para así tomar el liderazgo del cielo. Procuró decir y hacer lo que vio a su Creador hacer. Como se aplica aquí en Isaías 14, la confesión es "una declaración para soltar y hacer cumplir la voluntad de uno" Notemos que Lucifer dice en su corazón la expresión contraria de su voluntad.

Tú que decías en tu corazón: "Subiré al cielo; y en lo alto, junto a las estrella de Dios, levantaré mi trono, y en el monte del testimonio me sentaré, a los lados

Pon Tus Palabras a Trabajar

del norte; sobre las alturas delas nubes subiré, y seré semejante al Altísimo.

Isaías 14:13-14 RVR1960

¿Qué tuvo Dios que decir acerca de esto? ¿Cuál fue la perspectiva original de Dios en cuanto a las palabras y mecanismos de Satanás?

¡Cómo caíste del cielo, oh Lucero, hijo de la mañana! Cortado fuiste por tierra, tú que debilitabas a las naciones.

Isaías 14:12 RVR1960

Lucifer trató de utilizar la autoridad aplicada y la declaración que construye realidad "haré," pero descuidó utilizarla en respecto a la autoridad ordenada por Dios. Dios respondió desde su lugar de derecho legal, poder primario, y autoridad primordial como creador de todas las cosas, y puso a Lucifer en su lugar apropiado.

Mas tú derribado eres hasta el Seol (infierno), a los lados del abismo.

Isaías 14:15 RVR1960

Notemos lo que Dios dijo acerca de los atentados de Lucifer de derrumbar el cielo en Ezequiel 28.

El Antiguo Arte de la Confesión

Tú, querubín grande, protector, yo te puse en el santo monte de Dios, allí estuviste; en medio de las piedras de fuego te paseabas.

Ezequiel 28:14 RVR1960

Dios le había dado inicialmente a Lucifer en un lugar exaltado en Su presencia como Su voluntad para Lucifer. Dios lo colocó y estableció en su determinado lugar. Era su lugar ordenado por Dios o lugar autorizado. Era en ese lugar que Dios puso a Lucifer-aquí en este lugar y solamente aquí- donde Lucifer tenía un derecho establecido en el cual podía hablar y confesar las intenciones de su voluntad.

Por tanto, asi ha dicho Jehova, el Señor: "Por cuanto pusiste tu corazon como el corazon de un dios…

Ezequiel 28:6 RVR95

Con sus palabras, Satanás expresó su voluntad y puso su corazón en un lugar que no había sido ordenado para él, o en otras palabras, él no estaba autorizado. El querubín intentó tomar el lugar de Dios y Dios no había puesto su corazón o sus derechos ahí. Lucifer tomo su propio camino alejado de la voluntad de Dios. El solo trató de imitar a Dios en fórmula y principio, pero se desprendió del espíritu y naturaleza que encendía la autoridad de hablar con palabras transformacionales.

Notemos el resultado de la confesión apartados de la voluntad expresada de Dios tal como se entiende por medio de Su palabra hablada o escrita.

Pon Tus Palabras a Trabajar

Perfecto eras en todos tus caminos desde el día que fuiste creado, hasta que se halló en ti maldad. A causa de la multitud de tus contrataciones fuiste lleno de iniquidad, y pecaste; por lo que yo te eché del monte de Dios, y te arrojé de entre las piedras de fuego, oh querubín protector. Se enalteció tu corazón a causa de tu hermosura, corrompiste tu sabiduría a causa de tu esplendor; yo te arrojaré por tierra; delante de los reyes te pondré para que miren en ti. Con la multitud de tus maldades y con la iniquidad de tus contrataciones profanaste tu santuario; yo, pues saqué fuego de en medio de ti, el cual te consumió, y te puse en ceniza sobre la tierra a los ojos de todos los que te miran. Todos los que te conocieron de entre los pueblos se maravillarán sobre ti; espanto serás, y para siempre dejarás de ser.

Ezequiel 28:15-19 RVR1960

El confesar también significa "decir lo mismo que." Lucifer obviamente determino en su corazón y de una postura de orgullo a decir cosas que eran diferentes al corazón y la voluntad de Dios. Lucifer habló cosas que se oponían a Dios. Diciendo las mismas cosas que Dios-desde un corazón sincronizado con la palabra, naturaleza y voluntad de Dios- es una de las claves más importantes para la confesión correcta, particularmente en el uso de la voz de autoridad.

En Hebreos 3:1, Jesús es llamado el sumo sacerdote y apóstol de nuestra profesión o confesión. El Cristianismo en sí es llamado la "Gran Confesión". Es por eso que Hebreos 10:23 dice, "Mantengamos firme, sin fluctuar, la profesión de nuestra esperanza…" Es evidente que debemos aferrarnos a decir las mismas cosas que Dios dijo en relación a nuestra fe, y hacerlo con una resolución firme e inquebrantable.

En la operación de la autoridad, es importante recordar que Dios solo respalda lo que Él desea. La mejor practica es descubrir la voluntad de Dios para saber lo que debe ser confesado para tu vida y en la tierra. Decir las mismas cosas que Dios dice es de extrema importancia. Y dentro de esto, un punto clave no es solo decir lo mismo que Dios dice, pero también tener un corazón que está alineado o en profundo acuerdo y unidad con lo que Dios dice. Es verdad que una persona puede enseñarse a sí misma a estar en este lugar, pero la verdad permanece que los resultados ocurren cuando el corazón está alineado de palabra y creencia con lo que Dios dice. Es aquí cuando la voz de autoridad es más eficaz.

VERDAD #3: La confesión estuvo involucrada en lo que Jesús estratégicamente empleo autorizar Su resurrección y así cumplir el plan de redención y preservar la raza humana como familia de Dios.

Las acciones que corresponden con lo que Jesús dijo eran de obvia importancia, pero la alineación de su corazón con Sus palabras era necesaria para tener éxito en el trabajo.

Mientras los discípulos eran ignorantes de por qué Jesús dijo lo que dijo acerca de Su futuro, Jesús mismo tenía un conocimiento fijo del impacto de Sus palabras en Su misión,

Pon Tus Palabras a Trabajar

y su voluntad sobre sus palabras. El evangelio de Mateo da cuatro reportes individuales de lo que Jesús dijo en relación a los días que estaba a punto de enfrentar en el camino hacia y a través de la cruz. En conexión a Su resurrección, Jesús habló con autoridad acerca de las cosas porvenir.

Cuando descendieron del monte, Jesús les mandoó diciendo: No digas a nadie la visión, hasta que el Hijo del Hombre resucite de los muertos.

Mateo 17:9 RVR1960

Estando ellos en Galilea, Jesús les dijo: El Hijo del Hombre será entregado en manos de hombres, y le matarán; más al tercer día resucitará. Y ellos se entristecieron en gran manera.

Mateo 17:22-23 RVR1960

He aquí subimos a Jerusalén, y el Hijo del Hombre será entregado a los principales sacerdotes y a los escribas, y le condenaran a muerte; y le entregaran a los gentiles para que le escarnezcan, le azoten, y le crucifiquen; mas al tercer día resucitara.

Mateo 20:18-19 RVR1960

Entonces Jesús les dijo: Todos vosotros os escandalizaréis de esta noche; porque escrito esta: Heriré al pastor, y las ovejas del rebaño serán dispersadas. Pero después que haya resucitado, iré delante de vosotros a Galilea. Yendo un poco adelante, se postró sobre su rostro,

El Antiguo Arte de la Confesión

orando y diciendo: Padre mío, si es posible, pase de mí esta copa; pero no sea como yo quiero, sino como tú. Y dejándolos, se fue de nuevo, y oro por tercera vez, diciendo las mismas palabras.

Mateo 26:31-32, 39, 44 RVR1960

Observemos que en cuatro ocasiones diferentes, Jesús habló las mismas palabras acerca de Su resurrección. Al expresar estas declaraciones, Jesús estaba haciendo al menos cinco cosas:

1. Estaba alineando Su corazón y palabras con las declaraciones proféticas establecidas por Dios y ya escritas en las escrituras.

2. Estaba expresando Su fe y confianza en la palabra escrita de Dios.

3. Estaba lanzando la voz de autoridad inherente en Su lugar ordenado por Dios.

4. Estaba dando permiso y autorizando Su participación en el plan, propósito, y voluntad de Dios para Su vida en la tierra.

5. Estaba confesando las palabras necesarias para poner en movimiento las leyes y principios espirituales, el mecanísmo espiritual y operaciones espirituales para producir resultados palpables y poner en aparición las cosas que El habló.

¿De dónde saco Jesús la materia prima y el conocimiento espiritual para generar tanto la confesión y la realidad de Su resurrección? Lo obtuvo directamente de tres lugares: de las escrituras, de una conversación inspirada y aprobada, y de un mandato dado por Dios.

La voz de autoridad de Jesús para la resurrección fue apoderada en las escrituras por Salmos 16:10-11, "Porque no dejaras mi alma en el Seol, Ni permitirás que tu santo vea corrupción. Me mostrarás la senda de la vida." Su voz también fue apoderada por Isaías 53:10-12, "Con todo eso, Jehová quiso quebrantarlo, sujetándole a padecimiento. Cuando haya puesto su vida en expiración por el pecado, vera linaje, vivirá por largos días, y la voluntad de Jehová será en su mano prosperada. Verá el futuro de la aflicción de su alma, y quedará satisfecho; por su conocimiento justificará mi siervo justo a muchos, y llevará las iniquidades de ellos. Por tanto, yo le daré parte con los grandes, y con los fuertes repartirá despojos; por cuanto derramó su vida hasta la muerte…"

Jesús también extrajo autoridad inspirada para expresar lo que El hizo acerca de Su resurrección desde la conversación que Él tuvo en el Monte de Transfiguración con Moisés y Elías. Lucas 9:31 dice que ellos "hablaban de su partida, que iba Jesús a cumplir en Jerusalén." Durante la conversación, Pedro pensó en rendirles homenaje a Jesús, Moisés y Elías y construir un altar de adoración para reconocer a cada uno de ellos por igual. Dios interrumpió para decir, "Este es mi Hijo amado, en quien tengo complacencia; a él oíd." En otras palabras, Lo que Dios estaba diciendo es que Jesús es el único con la autoridad para hablar más allá de Moisés y Elías. Lo Él dice se mantendrá y acontecerá.

El Antiguo Arte de la Confesión

En Mateo 17:9, Jesús le dijo a los discípulos que no dijesen nada "hasta que el Hijo del Hombre resucitare de los muertos." Moisés, Elías y Jesús hablaron de Su muerte, y aparentemente por lo que dice la escritura aquí, ellos también hablaron de Su resurrección. Al declarar "a él oíd", Dios puso una aprobación espiritual en lo que Jesús dijo y le autorizó a Jesús a hablar de Su resurrección con certeza absoluta.

Quizá la evidencia más grande de lo que sostuvo la voz de autoridad de Jesús es el testimonio dado por Jesús mismo acerca de la seguridad personal dada por Su Padre.

Por eso me ama el Padre, porque yo pongo mi vida, para volverla a tomar. Nadie me la quita, sino que yo de mí mismo la pongo. Tengo poder para volverla a tomar. Este mandamiento recibí de mi Padre.

Juan 10:17-18 RVR1960

Que visión tan poderosa y reveladora de la voz de autoridad. Los mismos principios detrás del por qué Jesús podía usar la voz que tenía con tanta autoridad son verdaderos para nosotros. ¿Qué ha ordenado Dios sobre tu vida, dentro de tu vida y por medio de tu vida? En esto tienes la autoridad de expresar y esperar con confianza para que suceda.

Jesús entró en alineación de corazón y palabra con estas cosas; Él vino a conocer de Sí mismo de la Palabra escrita, de una reunión de inspiración divina y de un mandato de palabra personal que Él escuchó ser hablada por Su Padre. Cuando usamos la voz de autoridad de esta manera, la misma alineación del corazón y de palabra es vista en nosotros, y produciremos resultados cada vez mayores en lo que decimos.

VERDAD #4: La confesión bíblica es la autoridad que una persona usa para el nuevo nacimiento, ser renacidos.

Hay un día donde toda rodilla se doblará y toda lengua confesará que Jesucristo es Señor para la gloria de Dios. La persona sabia elije por el poder y las acciones de su voluntad de hacerlo ahora en esta vida en la tierra en lugar de mas tarde en el juicio después de la muerte.

Recuerda, Juan 1:12 dice, "Mas a todos los que le recibieron (Jesús) a los que creen en su nombre, les dió potestad de ser hechos hijos de Dios." Le recibimos en fe, palabra y hechos del corazón. Pablo escribió en Romanos 10 la simplicidad de como aceptar a Jesús como nuestro Señor: Creer de corazón que Dios levantó a Jesús de entre los muertos y confesar con la boca al Señor Jesús. Esto habla de la alineación que Dios ha dicho de Jesús. "Él es el Camino, la Verdad y la Vida." Esto también habla de la alineación con que Jesús hablo de Sí mismo: "Nadie viene al Padre sino es por el Hijo. Yo soy la resurrección y la vida. El que cree en mí, aunque este muerto, vivirá."

Veamos por unos momentos el contexto detallado de lo que escribió Pablo en Romanos 10 acerca de cómo recibir la vida eterna- el lugar de posición correcta con Dios por medio de la fe y el papel que juega la voz de autoridad en ser renacidos a una vida nueva.

> *Pero la justicia que es por la fe dice así: No digas en tu corazón: ¿Quién subirá al cielo? (esto es, para traer abajo a Cristo); o, ¿Quién descenderá al abismo? (esto es, para hacer subir a Cristo de entre los muertos). Mas ¿qué dice? Cerca de ti está la palabra, en tu boca y en tu corazón. Esta es la palabra de fe que predicamos: que si confesares con tu boca que Jesús es el Señor, y creyeres en tu corazón que Dios le levanto de los muertos, serás salvo. Porque con el corazón se cree para justicia, pero con la boca se confiesa para salvación. Pues la Escritura dice: Todo aquel que en el creyere, no será avergonzado. Porque no hay diferencia entre judío y griego, pues el mismo que es Señor de todos, es rico para con todos los que le invocan; porque todo aquel que invocare el nombre del Señor será salvo.*
>
> *Romanos 10:6-13 RVR1960*

Ser salvos, recibir vida eterna, ser nacidos de nuevo-como sea que lo describamos-está diciendo que tenemos una posición correcta con Dios, o justicia. No hay justicia con Dios apartada de la fe. Sabemos que la fe viene por oír la Palabra de Dios. También sabemos que la fe es lanzada al hablar y actuar en la Palabra de Dios.

El primer lugar en que la fe es lanzada es cuando una persona reconoce a Dios por lo que es, y reconoce a Jesús por lo que es como Señor. El origen del ingreso a la vida Cristiana comienza con entender nuestro estado de perdición

Pon Tus Palabras a Trabajar

y naturaleza dañada al estar apartados de Dios. Entonces una decisión tiene que ser tomada que reconoce ese estado de perdición, resultando en expresar el contenido, substancia, y permiso directo de esa decisión para comprometerse a una relación con Él. Una manera en que todos nosotros damos nuestro permiso es por medio de las palabras que hablamos. Las palabras dan evidencia y revelan nuestras creencias y nuestra voluntad.

La voz de autoridad lanzada con fe cambia el tejido de tu futuro porque simultáneamente cambia la condición de tu espíritu. Con tus palabras autorizas a Dios para que cambie tu hombre interior, el ser que de verdad eres por dentro. De la misma manera que le das permiso a un técnico en autos para cambiar tu motor por medio de tus palabras, de la misma manera le das permiso a Dios de cambiar la naturaleza de tu espíritu. La diferencia es que no tienes que pagar la cuenta del cambio. Ya ha sido pagada en Cristo. Todo lo que una persona debe hacer es autorizarlo con la autoridad de su voz.

Una cosa fascinante acerca de usar tu voz para dar permiso está en el estudio de lo que se conoce como la única "huella de voz" que una persona posee. Para resumir, la huella de voz de una persona es la identificación única personal llevada dentro de su voz-muy parecido como la huella dactilar es única para cada persona. Una huella de voz es la característica y cualidad de la voz humana que es científicamente apreciada y únicamente identifica a cada individuo. La característica de la huella de voz es basada en la construcción física y la configuración de la boca y garganta de una persona. En otras

El Antiguo Arte de la Confesión

palabras, la voz de una persona es única para ellos debido a la forma de sus cavidades vocales, y por la forma en que mueven su boca al hablar. Estas características deben ser expresadas como una fórmula matemática y ser sensible a instrumentos tecnológicos. Un programa de reconocimiento informático en una computadora es proyectado para realmente identificar y autentificar a una persona basándose en la huella de su voz independientemente de las palabras utilizadas para ese reconocimiento.

Así que de un punto de vista científico, nuestra voz es una identificación personal única que autentifica nuestra autoridad y nuestra voluntad en nuestras vidas. Lo que hablamos, lo que confesamos con nuestras bocas, es a lo que le damos autorización para llevar a cabo nuestra voluntad revelada en nuestras palabras. En conexión a lo que vimos en Romanos 10, nuestra confesión para salvación incluye reconocer que Jesús murió por nuestros pecados, pero también que fue levantado para que podamos caminar en el poder de la luz de Su resurrección, o como lo describe Pablo en Romanos 6, vida nueva. No solamente somos salvos del pecado y todas sus consecuencias, pero somos salvos para la vida eterna y todas sus recompensas, beneficios, provisiones y responsabilidades.

Porque somos sepultados juntamente con él para muerte por el bautismo, a fin de que como Cristo resucitó de los muertos por la gloria del Padre, así también nosotros andemos en vida nueva. Porque si fuimos plantados juntamente con él en la semejanza

Pon Tus Palabras a Trabajar

de su muerte, así también lo seremos en la de su resurrección; sabiendo esto, que nuestro viejo hombre fue crucificado juntamente con él, para que el cuerpo del pecado sea destruido, a fin de que no sirvamos más al pecado. Porque el que ha muerto, ha sido justificado del pecado.

Romanos 6:4-7 RVR1960

Cuando una persona confesa a Jesús como su Señor, le están dando permiso a Dios de intercambiar su condición vieja y naturaleza de pecado por una nueva condición y una naturaleza de justicia comprada por Cristo y hecha de nuevo en Cristo. Las palabras son la autorización para la proximidad a que la nueva vida sea "instalada" en un remplazo profundo del hombre viejo.

VERDAD #5: A causa de la realidad de la vida eterna, el hijo renacido de Dios debe agresivamente, intencionalmente, y proactivamente usar esta ley divina de confesión para ayudarles a madurar en la plenitud de su nueva naturaleza que les ha sido dada por Dios. Esto incluye, pero no limita, el entrenamiento del espíritu a hablar con la voz de autoridad para provisión material, sanidad y salud, una carrera de vocación exitosa, buena reputación y en respetabilidad general, excelencia y bienestar en su vida.

En el momento de nuestro nuevo nacimiento, El Espíritu de Dios toma plena y permanente residencia en el corazón y la vida del creyente. Todo lo que fue realizado en Cristo y por medio de Cristo es substantivamente penetrado en el corazón y la vida del creyente. Toda bendición espiritual en los lugares celestes y todas las cosas que pertenecen a la vida y la santidad son disponibles al hijo de Dios. El fruto del espíritu están en su lugar, el acceso al trono de la gracia y todo lo que esa gracia provee se nos ha sido dada gratuitamente. Tenemos el nombre, la autoridad y el carácter de Jesús respaldándonos en nuestras vidas diariamente.

Con todo lo que nos ha sido dados, no es de extrañar que Pablo lo hizo un punto en Filemón 1:6 para decirnos acerca de una de las cosas muy importantes que debemos hacer con todas las dotaciones espirituales que nos han sido dadas como creyentes.

Para que la participación de tu fe sea eficaz en el conocimiento de todo el bien que está en vosotros por Cristo Jesús.

Filemón 1:6 RVR1960

Hay dos formas primordiales de compartir nuestra fe. Compartimos o expresamos nuestra fe en las palabras que hablamos y en las acciones que llevamos a cabo. Casi en todos los casos, las palabras precederán las acciones. Y nuestras palabras deben tener acciones correspondientes que estén alineadas con lo que decimos o de otra manera tenemos fe que está muerta, inactiva, inoperante, y vacante de autoridad. Para ver los resultados de cuando usamos la voz de autoridad precisamente, debemos actuar en lo que decimos.

Pon Tus Palabras a Trabajar

Los pensamientos y las acciones están ciertamente involucrados en el proceso de ver el cambio, pero el enfoque de este punto está en *la manera en que hablamos* acerca de quiénes somos en Cristo, lo que tenemos en Cristo y lo que podemos hacer en Cristo. Se nos ha sido dada la responsabilidad de usar la voz de autoridad al hablarle a nuestras circunstancias para que se conformen a la verdad de lo que significa estar en Cristo. El denominador común de todo lo que decimos debe ser "en Cristo", o en el conocimiento de lo que Él ha hecho y lo que ha puesto nuestra disposición.

Para estar armados con conocimiento de quienes somos en Cristo es comparable a tener un mandato de nuestro Padre en la misma manera que Jesús tuvo el mandato de Su Padre para tomar posesión de Su vida para la resurrección. Veremos más acerca de estos ejemplos en los próximos capítulos, pero Jesús lo era limitado por las circunstancias que se oponían a la voluntad de Dios en Su vida. Él fue confrontado por obstáculos y enemigos, pero El uso la voz de autoridad para rechazar pensamientos malos, para calmar el viento y las tormentas, para echar espíritus malignos, para reprender enfermedades y demonios, y para imponer sanidad y salud.

Él tomo su fe en Dios y vivo en línea con su fe en Dios para hablar desde su corazón lo que creía en su corazón. Jesús se apodero rápida y firmemente de la verdad espiritual y bíblica para hacer que las cosas a su alrededor se conformaran con esa verdad. Él enseñó que la disciplina enlazada entre el corazón y la boca es la clave para ver cambio y "mover montañas."

El Antiguo Arte de la Confesión

Porque de cierto os digo que cualquiera que dijere a este monte: Quítate, y échate en la mar, y no dudare en su corazón, más creyere que será hecho lo que dice, lo que dijere le será hecho.

Marcos 11:23 RVES

Una vez más, entraremos con más detalle en esta ley espiritual de la confesión descrita en Marcos 11:23, pero es vitalmente importante que indiquemos que cuando es repetidamente trabajada, es una verdad que trabajará repetidamente. De la misma manera en que esta verdad ha funcionado en cosas pequeñas, cuando desarrollemos nuestro uso y maestría de esta ley, funcionará en cosas grandes. Esta ley de la confesión funcionará en cosas naturales y cosas espirituales. No hay limitaciones establecidas en esta verdad.

La única limitación está en qué poco o qué tanto vivamos ejerciendo la voz autoritaria de un espíritu hablado basado en autoridad sana, bíblica y espiritual. La limitación es contenida dentro del nivel de creencia y fe que desarrollemos en nuestro corazón- eso es, como nos desarrollamos en nuestra creencia y fe en Dios, y nuestra creencia y fe en Su Palabra dentro del corazón.

Pablo le preguntó a los gálatas una pregunta muy importante acerca de su desarrollo en la fe, particularmente acerca del por qué se limitaban ellos mismos en la fe.

Esto solo quiero saber de vosotros: ¿Recibisteis el Espíritu por las obras de la ley, o por el oír con fe? ¿Tan

Pon Tus Palabras a Trabajar

necios sois? ¿Habiendo comenzado por el Espíritu, ahora vais a acabar por la carne?

Gálatas 3:2-3 RVR1960

Pablo estaba tratando con un problema que se había levantado entre los gálatas. Inicialmente ellos habían aceptado la obra de Cristo como superior a la ley. Ellos tenían conciencia de las provisiones de gracia sobre la ley. Pero al transcurso del tiempo, ellos fueron los que reintrodujeron la ley y propusieron una mezcla de ley y gracia. El problema era que la ley era ineficaz para producir justicia o vida eterna.

En Gálatas 3:19, Pablo escribió que una razón que la ley fue añadida era con el propósito de revelar la naturaleza de pecado y la condición del pecado del hombre, para que cuando Jesús apareciera, fuera evidente que solo hay un una salida para el pecado y entrada a la vida eterna. Y esto es en Cristo. Gálatas 3:24 prosigue a decir que la ley era un maestro o tutor, para llevar a los judíos y ultimadamente a todas las familias de la tierra a tener una relación con Dios por medio del evangelio.

La cuestión de su pregunta en la primera parte de Gálatas 3 era para despertar en ellos la realidad de que la manera en que comenzaron en Cristo era la manera que deberían seguir creciendo , desarrollándose y siendo perfeccionados, o madurados, en Cristo.

Cuando nosotros como creyentes entramos en una relación con Dios en Cristo usamos nuestra voz respaldada por Su autoridad para ser hijos de Dios. También la intención

El Antiguo Arte de la Confesión

de Dios era que engancháramos la plenitud de la vida eterna usando la misma ley de confesión para construir y experimentar la vida que Él siempre destino para nosotros. La voz de autoridad es como entramos en Cristo.

¿Cómo hacemos esto? Para contestar esta pregunta, necesitamos entrar en el siguiente capítulo para ver y entender nuestro ejemplo y nivel mientras definimos que quiere decir la voz de autoridad. También explicamos el valor de una de las herramientas que Jesús usó en enseñanza para la comprensión.

Pon Tus Palabras a Trabajar

Capítulo 2

¿Cuál es la Voz de Autoridad?

Entonces ¿qué queremos decir por la "voz de autoridad"? Comencemos por definir autoridad. En el Nuevo Testamento, la palabra "autoridad" es interpretada de la palabra Griega "exousía." Esta palabra significa *"poder, permiso, libertad de hacer lo que a uno le plazca, la facultad y fuerza para hacer algo, el derecho de ejercer poder y el poder de la voluntad de alguien quien debe ser obedecido por otros."*

Autoridad también significa "el derecho a gobernar, el poder para actuar, decidir, mandar, y juzgar." El tener autoridad significa que tú tienes el derecho de establecer normas, tienes el derecho de regencias, estas en posición para mandar subordinados, y tienes el poder de administrar juicio a aquellos quienes desobedezcan los mandatos o para recomenzar a aquellos quienes estén de acuerdo a los mandatos.

La autoridad es el derecho a usar poder y el verdadero uso de poder. La autoridad bíblica aspira a influenciar a otros a producir resultados bíblicos, destinados, y piadosos. El poseer autoridad no es la meta final. El uso de poder debe ser usado para hacer lo correcto. El uso apropiado de la autoridad se encuentra en hacer con él lo que se debe hacer para demonstrar y hacer cumplir la voluntad de Dios en la tierra.

La palabra exousia también lleva el significado de "privilegio de usar habilidad, fuerza, capacidad, aptitud, libertad, maestría, influencia delegada y jurisdicción. Al hablar de la autoridad que el creyente tiene, también podemos definir esto como la "responsabilidad y pericia" del creyente. Considerando todas las facetas y matices de la autoridad, es fácil ver que sería de gran beneficio aplicar su significado y valores sobre el amplio espectro de nuestras vidas.

Aplicar el significado de la autoridad a la voz de un espíritu del habla comienza con entender las intenciones de Dios. Con esto en mente, la voz de autoridad es definida como "la expresión verbal de la voluntad de Dios tanto en el cielo como en la tierra que es lanzada, ordenada y establecida por el canal de palabras decretadas."

La voz de autoridad es definida como "la expresión verbal de la voluntad de Dios tanto en el cielo como en la tierra que es lanzada, ordenada y establecida por el canal de palabras decretadas."

En muchos aspectos, la voz de autoridad es como el derecho del creyente para ordenar un manifiesto. Un manifiesto es "una declaración pública de intenciones, de un gobierno o partido político o una declaración escrita declarando públicamente las intenciones, motivos, o puntos de vista del creador de las pólizas, legislaciones o leyes." Entonces cuando Dios habla su voluntad, es la realidad

¿Cuál es la Voz de Autoridad?

manifestada de Sus intenciones, motivos y putos de vista siendo públicamente declarados.

De la misma manera, cuando un creyente toma la voluntad de Dios para hablar, declarar, y decretar Su voluntad, se hace con el motivo de manifestar y traer las intenciones de Dios a la vista. Dios respalda su voluntad y da autoridad a Sus hijos para expresar Su voluntad con expectativas confiadas en que van a suceder.

Entonces es claro desde las escrituras que Dios tiene una voluntad y Él tiene autoridad para hacer cumplir y manifestar o hacer que su voluntad ocurra. Por medio de los derechos de la creación y el otorgamiento de vida eterna a las personas quienes han tomado una decisión de aceptar la salvación en Cristo, Dios tiene hijos quienes son creados a su imagen y semejanza, dandoles Su naturaleza y siendo equipados con autoridad para manifestar Su voluntad. Como espíritus hablantes, los hijos de Dios son equipados con una voz para decretar Su voluntad con plena autoridad y el pleno respaldo de la estructura corporativa y poder del cielo.

Cualquier persona que siga el proceso bosquejado y presentado aquí tiene un derecho a soltar la voluntad de Dios con la voz de autoridad en la tierra. Esto aplica en cosas de las vidas tanto pequeñas como grandes. Esto se relaciona a cualquier circunstancia de la vida, cualquier problema que se levante, cualquier cosa que demande una solución, o cualquier pregunta que busque una respuesta. La voz de autoridad puede ser expresada para dirigir preocupaciones de relaciones, salud, finanzas, familia, ministerio, y carrera

Pon Tus Palabras a Trabajar

En Marcos 4, Jesús y Sus discípulos se enfrentaron a un problema que amenazaba sus vidas mismas. Tras un día lleno de trabajo ministrando a las multitudes. Por cuatro horas Jesús había enseñado verdades espirituales acerca de cómo funciona el reino de Dios, ilustrándolo con verdades naturales en forma de parábolas.

Una parábola es una historia que toma una verdad natural que una persona puede ver claramente en su vida diaria y explica esa verdad de tal manera que atrae su significado para poder comprender y aplicar verdad espiritual en maneras prácticas. En Marcos 4, Jesús uso semillas, plantas, cultivos, agricultura y una lámpara para mostrar cómo funciona el reino de Dios y como usar este conocimiento para vivir la vida en la tierra como Dios siempre lo destinó.

Marcos 4:33-41 cuenta la historia de lo que paso cuando la enseñanza duro todo un día.

Con muchas tales parábolas les hablaba la palabra, conforme a lo que podían oír. Y sin parábolas no les hablaba; mas a sus discípulos en particular declaraba todo. Y les dijo aquel día cuando fue tarde: Pasemos de la otra parte. Y despachando la multitud, le tomaron como estaba, en el barco; y había también con él otros barquitos. Y se levantó una grande tempestad de viento, y echaba las olas en el barco, de tal manera que ya se henchía. Y él estaba en la popa, durmiendo sobre su cabezal, y le despertaron, y le dicen: ¿Maestro, no tienes cuidado que parecemos?

¿Cuál es la Voz de Autoridad?

Y levantándose, increpó al viento, y dijo á la mar: Calla, enmudece. Y ceso el viento, y fué hecha grande bonanza. Y á ellos dijo:

¿Por qué estáis así amedrentados? ¿Cómo no tenéis fe? Y temieron con gran temor, y decían uno al otro. ¿Quién es este que aun el viento y la mar le obedecen?

Marcos 4:33-41 RVES

En este pasaje tenemos una de las más claras demostraciones de la voz de autoridad en acción. Mantengamos en mente algunas cosas que Jesús dijo de sí mismo para mantener la perspectiva correcta de lo que paso en este barco.

Jesús dijo de sí mismo, "Yo soy el camino, la verdad y la vida." Entonces todo lo que vemos de Jesús está mostrando la manera correcta y mejor de hacer las cosas. Hay muchos caminos que a una persona le parecen derechos, pero su fin es camino de muerte, o separación de mejores caminos. Cualquier camino que contradice los caminos que Jesús mostró está ultimadamente separando a una persona del camino de vida que producirá el mejor resultado.

Cuando Jesús hablaba y actuaba, todo estaba plantado en la verdad. En lugar de la palabra verdad, podemos fácilmente sustituirla por la palabra "realidad". En esencia, todo lo que Jesús hizo o dijo fue la demostración más verdadera del nivel y forma de la realidad. La gente dice que solo quieren "ser realistas" pero cualquier cosa de significado real y valor real

Pon Tus Palabras a Trabajar

empieza y termina con el nivel de realidad que Jesús enseñó, vivió, representó y esperó de nosotros.

La máxima expresión de vida se encuentra en Jesús. La vida tiene una cantidad, una longitud y una duración de días y medida de tiempo. La vida también tiene calidad, un nivel de valor, cumplimiento, significado, y recompensa. El existir tiene un recurso que nutre tanto la cantidad como la calidad de una vida. Esa fuente de vida determina la cantidad y calidad de la vida. En la voz de autoridad, Jesús declaró que él es la fuente de vida. Pero él también reveló Su fuente de vida.

Porque como el Padre tiene vida en sí mismo, así también ha dado al Hijo el tener vida en sí mismo; y también le dió autoridad de hacer juicio, por cuanto es el Hijo del Hombre.

Juan 5:26-27 RVR 1960

Aún él siendo perfectamente Dios y hombre, Jesús reconoció que su vida fluía de Dios Padre, la fuente de toda la vida. Jesús también sabía y entendía su lugar de autoridad, y que se le había dado una autoridad sobre la vida en su conjunto y personalmente sobre su propia vida. A él también le fue dada la autoridad para ejecutar, o aplicar, juicio sobre la vida eterna. Jesús estaba dando a conocer que Él seria el punto de entrada y el evaluador para que una persona reciba y experimente la vida eterna.

Hebreos 5:9 lo respalda diciendo, "*Y habiendo sido perfeccionado, vino a ser autor de eterna salvación para todos los que le obedecen.*" La palabra "autor" es la raíz de la palabra

¿Cuál es la Voz de Autoridad?

"autoridad." Entonces podríamos fácilmente decir que Jesús vino a hacer no solo el creador, pero la autoridad de eterna salvación para todos los que le obedecen.

Un pensamiento más de incluir para perspectiva de lo que estaba pasando en el barco en Marcos 4 es otra declaración que Jesús dijo de Sí mismo: *"El que me ha visto a mí, ha visto al Padre."* Jesús estaba diciendo que él fue y es la revelación perfecta de la voluntad de Dios para toda la gente y por todo el tiempo. Jesús fué y es la expresión perfecta de la teología, significados y propósitos de Dios. Él fue y es la encarnación perfecta y demostración de las intenciones, motivos y puntos de vista de Dios.

Con esta perspectiva en mente, veamos en Mateo 4:33-41 a detalle. Sí podemos ver lo que Jesús hizo, podemos aprender la manera bíblica, el nivel de realidad, y la fuente de vida necesaria para trabajar en la tierra de la manera en que Jesús hizo el trabajo. Si podemos obtener la imagen y patrón de cómo y por qué Jesús lanzo la voz de autoridad y reveló la voluntad de Dios en ese barco, de la misma manera nosotros podemos influenciar eventos de tiempo real en la tierra. Y podemos hacer el mismo tipo de cosas en nuestras propias vidas.

Con muchas parábolas como estas les hablaba la palabra, conforme a lo que podían oír.

Marcos 4:33 RVR 1960

Otras versiones de este versículo dicen, "a la medida que son capases de recibir", y "de acuerdo a su capacidad para

Pon Tus Palabras a Trabajar

recibir," y "tal como sus mentes puedan tomarlo." Jesús usó parábolas para ayudar a expander la capacidad del oyente para obtener mas entendimiento acerca de lo que el estaba enseñando. El frecuentemente daba su mensaje en parábolas con el propósito de cominucar un objetivo espesifico. Jesús siempre habló con una dirección definida en mente y con autenticidad y desinteres propio en su corazón. ¿De dónde vino esta dirección y como vino?

Respondió entonces Jesús, y les dijo: De cierto, de cierto os digo: No puede el Hijo hacer nada por si mismo, sino lo que ve hacer al Padre; porque todo lo que el Padre hace, también lo hace el Hijo igualmente.

Juan 5:19 RVR 1960

Todo padre conoce el poder de las influencias en los niños. Los niños imitaran las cosas que ven en la televisión o en otros y aun más lo que ven en sus padres. Jesús dijo que el no hacia nada sin antes ver a su Padre hacerlo primero. Un niño se siente más autorizado para actuar cuando el o ella están actuando como sus padres. Esto es lo que hace criar a nuestros hijos una de las mayores responsabilidades que existen. Un padre- o figura de autoridad modela las maneras de vida y verdades de la vida a un niño y deja una imagen de como desarrollar, madurar y reproducir en las generaciones que vienen.

Jesús vió el nivel de realidad demostrado por su Padre y modeló ese nivel para que todas las generaciones de la humanidad la siguieran. El hizo inmediatamente claro que

¿Cuál es la Voz de Autoridad?

su agenda no era suya pero su manera de vivir originaba de la voluntad y los propósitos de su Padre. Jesús lo dejó muy claro que no venía con agendas ocultas. Su voluntad era una imagen de espejo de la voluntad de su Padre. Su mensaje era comunicación transparente del corazón y la voluntrad de su Padre.

No puedo yo hacer nada por mi mismo, según óigo, así juzgo; y mi juicio es justo, porque no busco mi voluntad, sino la voluntad del que me envió, la del Padre.

Juan 5:30 RVR 1960

Jesús les respondió y dijo: Mi doctrina no es mia, sino de aquel que me envió.

Juan 7:19 RVR 1960

El operar sobre este entendimiento es lo que energiza la autoridad de Jesús. Este comportamiento dinámicamente apoderó su voz. Jesús convirtió en su asunto el ser sensible a los pales que Dios quería llevar acabo en la tierra. El priorizó su conocimiento de lo que Dios le estaba diciendo. El desarrolló su mensaje de las conversaciones que tenía con Dios. El enfocó su discurso para hablar del conjunto y contenido de lo que Dios le entregó y enseño.

Muchas cosas tengo que decir y jugar de vosotros; pero el que me envió es verdadero; y yo, lo que he oído de él, esto hablo al mundo. Pero no entendieron que les hablaba del Padre. Les dijo, pues, Jesús: Cuando hayais levantado al Hijo del Hombre, entonces conoceréis que

Pon Tus Palabras a Trabajar

yo soy, y que nada hago por mi mismo, sino que según me enseño el Padre, así hablo.

Juan 8:26-28 RVR 1960

Esta era la manera de vivir de Jesus para toda la vida. Siempre habló con propósito. El se reusaba a gastar su tiempo o sus palabras. Podemos ver su vida en los evangelios y venir a la conclusión que el disfrutó la vida. Él comió y bebió. Él fué a fiestas de cena y estuvo en companierismo con la gente. El constuyó relaciónes.

A la misma vez dió a conocer que el mensaje que se le había dado por el Padre tenía que ser bien comunicado y hablado con presición al mundo por medio de sus palabras y su vida. Este mensaje estaba revelando el corazón y la voluntad de Dios como Padre, Dios y Amado de la gente que el creó. El quería que este mensaje de amor se extendiera por el mundo y Jesús sabía que él era el mensajero, mensaje y ejemplo de ese amor.

Jesús sabía que él era el diseño, Hijo y demostaracion de vida eterna. A Jesús le fué enseñado que decir por el ejemplo de lo que el Padre hacía, y el siguió las instrucciones y el ejemplo de ese mensaje con todo el corazón. Este enfoque es lo que puso substancia en su vida y eficacia en la autoridad soltada por medio de su voz.

Porque yo no he hablado por mi propia cuenta; el Padre que me envió, el me dió mandamiento de lo que he de decir, y de lo que he de hablar. Y se que su mandamiento

¿Cuál es la Voz de Autoridad?

es vida eterna. Así pues, lo que yo hablo, lo hablo como el Padre me lo ha dicho.

Juan 12:49-50 RVR 1960

Jesús explicó que su mensaje y la manera que habría de comunicarlo era de mandamiento personal por parte de Dios diciéndole los métodos para usar al hablar. Recordarás que Jesús dijo, "¿Si me han visto a mí, han visto al Padre?" En Juan 12:49-50, Jesús estaba esencialmete diciendo, "Si me han escuchado a mí, han escuchado al Padre."

Jesús entendió que cuando el hablaba y ministraba estaba representando el corazón y la voluntad de Dios, y también la imagen e ilustración que la gente se llevaría de Dios. Ésta era una de las rasones por las cuales enseñaba en parábolas, o historias con ilustraciones.

Y sin parárbolas no les hablaba; aunque sus discípulos en particular les declaraba todo.

Marcos 4:34 RVR 1960

La primer parte de Marcos 4:34 dice, *"Pero sin parábolas no les hablaba..."* Una versión de esto dice *"El no les decía nada exepto en cifras."*

La capacidad, o abilidad de oír, se conecta con cifras o ilustraciones. Jesús estaba dibujando panoramas y desarrollando imágenes para que la gente viera más ayá de donde estaban. En el aprendizaje, siempre comenzamos con lo que conocemos para ayudarnos a hacer las conecciones con las imágenes que no conocemos. En el proceso de esto,

Pon Tus Palabras a Trabajar

no vemos con nuestros ojos solamente, vemos con nuestras mentes y con las experiencias y perspectivas de nuestras vidas.

Una cosa que es verdad por seguro es que una persona no se puede mover más allá de la imagen actual que tienen en sí mismos. Una persona solo puede ir tan lejos como ellos se vean llegar. En la vida, no vemos las cosas como son. Vemos las cosas como somos.

¿Recuerdas los 12 espías en Números 13-14? Ellos fueron enviados a estudiar la tierra que Dios le prometió a Abram y a su desendencia. Moisés estaba en liderazgo después de que Israel había pasado siglos como esclavos en Egipto. Ahora ya habían sido liberados de su cautiverio y estaban listos para entrar en una nueva era de promesa y prosperidad.

Todos los 12 espías vieron la prosperidad de la tierra que les había sido prometida, pero 10 regresaron con dudas de poder derrotar a la gente y tomar la tierra como suya. De hecho, exajeráron que la gente de la tierra eran gigantes y se redujeron a si mismos al tamaño de saltamontes en los ojos de los habitantes de la tierra. Que no era el caso en la realidad. Pero el punto es que así era como se veian los espías a sí mismos y a la nación recién formada comparada a la gente de la tierra que habían de conquistar.

Ellos no vieron las cosas de la manera que eran verdaderamente sinó los 10 hubieran estado de acuerdo con Josué y Caleb, los otros dos enviados en esta misión con ellos. Josué y Caleb vieron las cosas de la manera que Dios las veía, de la manera que se les había hablado. Porque ellos

¿Cuál es la Voz de Autoridad?

se mantuvieron firmes a la promesa de Dios y a la voluntad de Dios, Josué y Caleb se vieron correctamente y vieron sus circunstancias precisamente.

Como nación en ese tiempo, Israel colectivamente no podía ir más allá de lo que podían ver. ¿Cuál es la lección que hay que aprender? Si no puedes ver las cosas diferentes de lo que actualmente las ves, no puedes ir a donde te gustaría ir, o quizás aún estas destinado a ir. A causa de la habilidad limitada de ver como Dios ve las cosas, estos diez líderes limitaron lo que estaba disponible y posible para una nación completa. Y desafortunadamente, tomo décadas para cambiar la imagen de lo que Israel vió, y posteriormente experimentó, como nación.

Cosas nuevas-ideas nuevas y oportunidades nuevas-llegan a las vidas de las personas todo el tiempo. Algunos ven las cosas por lo que son y lo que pueden ser para ellos, y otros no. Cuando Cristobal Colón y otros de su siglo presentaron la creencia que el mundo era redondo, muchos se burlaron de la idea. Habia aquellos de ese tiempo quienes verdaderamente creían que la tierra era plana y si navegabas suficientemente lejos a travez del mar llegarías al borde de la tierra y bajarías en un gran e interminable abismo. Hasta que fue provado ser falso, esta creencia limitó viajes y exploraciónes.

Demaciadas personas son motivadas por "mundo plano". Ven las limitaciones en la vida y estilizan su manera de vivir para acomodar las limitaciones. Cuando miras el mundo como redondo levantas limitaciones falsas y puedes viajar mucho más lejos de lo que habias soñado ser posible. No

Pon Tus Palabras a Trabajar

estoy hablando acerca de búsquedas poco realistas. Estoy hablando de las barreras que las personas construyen dentro de ellos, o las voces de afuera que nos dicen que nunca podremos ir más allá de la vida que actualmente vivimos.

Una barracuda es engendrada por naturaleza para matar su presa con motivo de comida. Si pones una barrera clara, transparente en una pecera entre una barracuda y su comida, la barracuda tratara de atravesar la barrera invisible para comer, pero después de golpear cierto numero de veces la barrera entre ella y sus oportunidades de provision, la barracuda dejara de tratar de ir más allá de la barrera. Puedes hasta remover la división transparente, y la barracuda no tratara de cruzar esa barrera invisible a causa de su acondicionamiento previo.

Si no abrimos paso a adquirir nuevo y mejor conocimiento, nuestras experiencias anteriores, perspectivas pre-formadas y creencias pre-acondicionadas en la vida nos pueden restringir a quedarnos separados de nuestras respuestas, derechos, y bendiciones, a pesar de que estén dentro de nuestro alcance.

La manera en que vemos las cosas determinará qué tan lejos podemos ir en la vida y que barreras podremos atravesar. Nuestras perspectivas y creencias afectan nuestra capacidad de ver, oír, aprender, recibir, y crecer. La gente rechaza información nueva por un sinnúmero de razones. Algunos se limitan a sí mismos porque no les gusta el canal por el que el nuevo conocimiento esta siendo transmitido. A veces es por la manera que una cosa esta siendo presentada. A algunos les gustan las cosas más entretenidas. A algunos

¿Cuál es la Voz de Autoridad?

les gustan las cosas más eruditas. Cuando reduces todo, nada de esas cosas es tan importante como lo que es necesario.

El rechazar conocimiento nuevo sobre la base de que no te gusta o que esta relacionado con la persona que lo esta entregando sería comparable a un hombre muriéndose de sed pero negándo el agua que podría salvar su vida porque el vaso es del tamaño incorrecto, o de forma incorrecta o el color incorrecto en su pensamiento y gusto. Si tu estuvieras sediento de muerte por agua y te encontrares con un pozo de agua con un vaso de cierto color, serías un necio al rechazar la vivificante, refrescante agua del pozo a causa del tamaño, forma o color del vaso que esta siendo bajado dentro del pozo para recolectar esas aguas.

Alguanas personas rechazan la palabra de Dios sobre la base del gusto o disgusto del vaso que esta presentando la Palabra. O lo rechazn en base de la manera en que esta siendo entregado a ellos. Por lo tanto, sus creencias y nivel de madures se quedan igual.

Jesús sabe que la mayoría de las personas son difíciles de cambiar sus creencias y madurar si no tienen una imagen para apegarse a construir una nueva imagen por dentro. Esta es una de las razones por la cual usó parábolas tan fácilmente. Hablando de la misma historia en Marcos 4, Mateo escribe:

Todo esto habló Jesús por parábolas a las gentes, y sin parábolas no les hablaba: Para que se cumpliése lo que fué dicho por el profeta, que dijo: Abriré en parábolas

Pon Tus Palabras a Trabajar

mi boca; Rebosaré cosas escondidas desde la fundación del mundo.

Mateo 13:34-35 RVES

Esta referencia en Mateo 13:35 era una cita de Salmos 78:2 cual una traducción interpreta, "Rebosaré de las cosas ocultadas desde la Creacion." El uso de Jesús de las parábolas fué hecho para seguir la voluntad del Padre. *Él utilizó la ruta de enseñanza con parábolas para revelar verdades antiguas retenidas hasta ese día y época.* Había verdades acerca de Dios, acerca de la vida eterna, acerca de su Reino y sus caminos que no hubieran podido ser completamente apreciadas hasta que la necesidad de esas cosas fuera entendida. Al utilizar parábolas, Jesús estaba cominicando cosas ya establecidas desde la antigüedad, desde los primeros tiempos creados por Diso "en el principio."

La más grande ilustración de esto es el plan de redención. Es difícil ayudar a alguien quien tiene falta de coniencia de que siquiera necesita ayuda en cualquier área de su vida. El hombre necesitaba ayuda, pero el hombre estaba determinado a ayudarse a sí mismo apartado de Dios. El hombre no tenía comprención de la vida eterna y de las consecuencias de estar desconectado de la naturaleza de Dios a causa del pecado.

Dios puso la ley como medio para comprender la vara de medida requerida a sostener en orden para tener vida eterna. Nadie llegaba a la altura de esa vara hasta que Jesús vino. La ley y Jesús fueron presentados en contraste uno con el otro para ayudar al hombre a comprender su necesidad de

¿Cuál es la Voz de Autoridad?

un Salvador y para ver que Jesús cumplió los requisitos de la ley y era la respuesta al problema. Dios tuvo que definir el problema y su necesidad para que la solución fuera entendida por el hombre.

Mateo 13 es un capítulo lleno de parábolas que Jesús ensenio. En particular, las parábolas de ciana, tesoro escondido, la perla de gran precio y la de la red, todas están describiendo como funciona el reino de Dios en relación a la redención que es disponible para el hombre.

En la parábola del sembrador, la gente tiene la decisión de ser cosecha de grano fructífero- de trigo- y así ser parte de la salvación comprada en Cristo. En la palrabola del tesoro escondido, la gente tiene la decisión de estar entre los que andan en búsqueda de las cosas más presiosas dadas a nosotros en la redención, y también de hacer sacrificios de traer otro "fruto precioso" al reino. En la parábola de la perla de gran precio, la gente tiene la decisión de reconocer el valor inmenso de un alma traída dentro del reino y ser sumergida en la búsqueda de ganar almas.

En la parábola de la red, todos serán un día parte de ya sea las buenas o malas criaturas atrapadas del mar de la humanidad, y todo individuo determinará personalmente si serán numerados con los justos y ser liberados del castigo eterno o si estarán con los injustos quienes serán mandados al horno de fuego que ardera por siempre.

Cada parábola tiene un propósito, y dentro de cada propósito, hay una respuesta a una necesidad urgente. En manera diaria y práctica, nos beneficiamos de pensaar que cuando se levanta una necesidad, la solución esta presente. Muchas veces la gente se puede asustar cuando un problema se aparece, pero para el que mira hacia Dios, hay una respuesta al alcance. Probablemente has escuchado decir que "la necesidad es la madre de la invención" Eso ha sido ciertamente probado una y otra vez. Cuando la necesidad es mantenida en una perspectiva adecuada, motiva ingenio, creatividad, visión, y conciencia. Y frecuentemente, las cosas que ya están en el medio ambiente son la solución a los problemas o necesidades de hoy en día.

A veces el valor de las cosas no es reconocido o utilizado apropiadamente hasta que el tiempo de necesidad se levanta. ¿Cuánto tiempo ha existido la electricidad en la atmosfera? ¿Cuánto tiempo ha habido petróleo en la tierra? ¿Cuánto tiempo han existido las materias primas para los chips de computadoras? ¿Cuándo fueron disponibles las leyes y principios matemáticos y científicos que utilizamos hoy en la humanidad? ¿Cuándo fueron descubiertas estas cosas?

Un aspecto de la respuesta a estas preguntas es que estas cosas fueron descubiertas cuando el conocimiento del hombre maduró al punto de entender las fundaciones necesarias para comprender el nuevo conocimiento que tenemos hoy. Otro aspecto de la respuesta es que estas cosas fueron descubiertas cuando el tiempo de necesidad surgió para tomar la ventaja completa del conocimiento.

Dios esta soltando otra vez verdades antiguas hasta este día y época en que vivimos. La voz de

¿Cuál es la Voz de Autoridad?

autoridad es revelación de la verdad que se ha dado a conocer nuevamente en nuestro dia.

Jesús usó parábolas de esta manera. Las parábolas ayudaban a madurar la consciencia del viejo conocimiento y para ayudar a las personas a aprender y desarrollar el uso del nuevo conocimiento. Las parábolas también ayudan a permitir el descubrimiento de cosas cuyo tiempo había surgido en la tierra. El tiempo llegó en que las máquinas y carros requerían aceite refinado y gasolina para estimular maneras más fáciles y rapidas de viajar y un gran número de otras actividades para el progreso civilizado.

De la misma manera, estas parábolas que Jesús enseñó ayudaron a encender conciencia, entendimiento, y experiencia del reino de Dios en los días de Jesús. Estas parábolas, y otras que se relacionan al progreso moderno, pueden ayudar a hacer lo mismo en nuestros días.

En el nucleo de esta forma de enseñar, los mensajes impulsados por parábolas de Jesús construyeron imágenes en los corazones y mentes de los oyentes. Fueron diseñados para activar la ley de imágenes dominantes, expander los limites y levantar las limitaciones en las vidas de los oyentes. Esta ley de imágenes dominantes dice que, "Tu y los eventos de tu vida irán siempre en la dirección de los pensamientos e imagenes mas dominantes que tu permitas residir en tu corazón y tu mente."

Los doce espías de los que hablábamos anteriormente demostraron esta ley. Los diez tenían pensamientos e imágenes contradictorias que eran más grandes en sus mentes y corazones que lo que Dios había declarado como su voluntad. Dios le había prometido la tierra a Israel por el pacto. El le dijo a Moisés que la tierra era de ellos para conquistar. Pero los diez, quienes eran líderes nacionales, tenían imágenes dentro que se oponían ambos de lo que sus ojos vieron para la conquista y lo que sus oídos escucharon acerca de la promesa de Dios. Estos diez lideres alimentaron la imagen de una nación y millones fuero limitados y restringidos de experimentar la misma cosa que Dios les había prometido y autorizado tener.

Josué y Caleb eran diferentes. Los dos tenían pensamientos e imágenes que tenían sus raíces en la voluntad de Dios. Esto dió autoridad para hacer hazañas suficientemente poderosas para tomar la tierra. Los dos declaraban que la gente que se les opondría eran como pan para que ellos lo comieran y que las defensas de su enemigo eran incapaces de detener a Israel de tomar lo que se les había prometido legítimamente como parte del pacto de Dios con Abram y la voluntad de Dios para los descendientes de Abram.

Dios le enseñó a Abram el poder de tener visión para ver más allá de donde estaba. Dios le enseñó a Abram a construir una imagen dentro de lo que Dios le dijo. Abram no fuú impecablemente perfecto en el camino. Hubo veces en que hizo más de lo que podía ver de forma natural a lo que podía ver con los ojos de su corazón, pero Abram no llegó a tener lo que Dios prometió a travéz de mantener vivas las imágenes correctas dentro de el.

¿Cuál es la Voz de Autoridad?

El entrenamiento empezó cuando él y su sobrino, Lot, tuvieron un problema sobre la tierra y espacio donde apacentar y crecer sus rebaños. Abram, como era conocido en ese momento, escogió el camino alto para evitar que se desarrollaré una contienda entre él y Lot y le dió a Lot la mejor tierra que estaba disponible.

Y Jehova le dijo a Abram, después que Lot se apartó de él: Alza ahora tus ojos, y mira desde el lugar donde estas hacia el norte y el sur, y al oriente y al occidente. Porque toda la tierra que ves, la daré a ti y a tu desendencia para siempre. Y haré tu desendencia como el polvo de la tierra; que si alguno puede contar el polvo de la tierra, también tu desendencia será contada.

Genesis 13:14-16 RVR 1960

Ve cuidadosamente lo que Dios le dijo a Abram. Le dijo, "Alza tus ojos, porque todo lo que ves de donde estas ahora es tuyo para poseerlo y usarlo." Dios le estaba diciendo a Abram que la tierra estaba dentro del alcance de su autoridad dada por Dios para tomar, poseer, y experimentar. Dios específicamente dijo que toda la tierra iba a ser dada a Abram y su semilla, descendencia.

Lo que podría experimentar no estaba limitado a lo que pudo haber observado con sus ojos físicos, pero ultimadamente incluía todo lugar que la planta de su pie pisaría, cada lugar que Dios lo dirigiéra, y todo lugar que su corazón y mente pudieran comprender.

Pon Tus Palabras a Trabajar

Dios estaba poniendo ante los ojos de Abram los monumentos necesarios para crear la realidad de su futuro. Debemos nosotros hacer lo mismo. Esto tiene que hacerse físicamente, y tan significativamente, tiene que hacerse con las imágenes que vemos dentro. Ahí es donde las parábolas entran en acción.

Notemos en Génesis 13:16, Dios dijo, "Y haré tu desendencia como el polvo de la tierra..." Esta era una parábola como usando una imagen con la que Abram fácilmente se relacionaba. En esa parte del mundo, el polvo o la arena era abundante. Abram había de ver los granos de arena casi todos los días de su vida. Entonces cada vez que veía arena, tenia un recordatorio visual de la promesa de Dios. Cada vez que veía arena, la imagen era reforzada y se hacia mas fuerte.

Eso es lo que una parábola es diseñada a hacer. Las parábolas presentan recordatorios visuales dentro del corazón y la mente de la promesa y funcionamientos de Dios, causando que las imágenes crescan mas dominantes dentro de nosotros cada vez que escuchamos la parábola o vemos una representación de la verdad natural usada en la parábola.

Si aún no estás convencido que este pensamiento acerca de las parábolas e imágenes es significativo, necesitas solo investigar el lado negativo del proceso por un momento. Asesinos en serie han testificado que comenzaron su espiral descendiente hacia una violenta realidad con una adicción sin obstáculos a la pornografía. A través de las malas imágenes, el cuerpo Humano fue devaluado y el corazón del televidente

¿Cuál es la Voz de Autoridad?

fue desensibilizado a la personalidad, los derechos, el valor, las necesidades y deseos de los demás. A través del tiempo la consciencia se convierte dura y violenta. Imágenes degradantes fueron retenidas por dentro con más y mayor fuerza hasta que la dirección de las imágenes fueron actuadas. Sí funciona con tanta intensidad negativamente, funcionara al mismo grado y aún más grandemente en una manera positiva, productiva y santa.

Por medio de entender las parábolas-ilustraciones representativas y poderosas de una verdad espesifica-podemos entender como el reino de Dios funciona y podemos crecer en la comprencion de la voluntad de Dios. Entre mas cultivemos la visión de su voluntad para nuestras vidas personalmente, lo más eficazes que podemos ser al soltar la voz de autoridad en nuestras vidas. Al ver mas dentro de la voz de autoridad en acción, pon atención particularmente no nadamas en lo que Jesús dijo pero porque estaba confiado en hablar con autoridad.

Tenemos dos objetivos principales para los próximos capítulos:

1. Ilustrar como Jesús utilizó la voz de autoridad en la tierra.

2. Demostrar como puedes utilizarla para transformar la calidad de tu vida aquí en la tierra.

Subrayo estos objetivos claves para que la meta sea muy clara. Al aumentar tu poder de concentración y enfoque en esta meta, yo creo que lograrás un mayor valor de los

Pon Tus Palabras a Trabajar

próximos capítulos. También creo que la aplicación enfocada del contenido aquí comprobará experiencias beneficarias en el término corto y largo de tu vida.

Capítulo 3

Como Esta Voz es Moldeada

Por lo que vemos la voz de autoridad es definida como la voluntad de Dios expresada verbalmente, tanto en el cielo como en la tierra, la cual es soltada, mandada y establecida por el canal de palabras declaradas. En los próximos capítulos, ayudaremos a poner todavía más la fundación en su lugar para entender y operar en la voz de autoridad más eficázmente. Lo que queremos ver ahora es como se ve la voz de autoridad y como se escucha en acción y que le da forma para ser tan poderosa.

En Marcos 4, después de haber enseñado todo el día, Jesús pasó un tiempo a solas con sus discípulos. La última parte de Marcos 4:34 dice "… mas a sus discípulos en particular les declaraba todo." Otras versiónes dicen, les explicaba todo "en privado a sus discípulos" La Biblia de las Americas dice, "… pero lo explicaba todo en privado a Sus propios discípulos."

Era en sesiones privadas como estas que Jesús respondía la preguntas y añadía más ilustraciones, o les recordaba a los discípulos de cosas que ya les había dicho. Yo creo que era en estos tiempos juntos que Jesús buscaba llenar los vacios de lo que entendían acerca de lo que estaba enseñando y dónde necesitaba que ellos estuvieran en su entendimiento.

Pon Tus Palabras a Trabajar

Jesús no les estaba enseñando las cosas privadas a las multitudes pero a aquellos que estaban entregados y cercanos a él. En la misma manera Dios no les dice sus secretos más grandes a aquellos que están distantes de él. Tienes que estar cerca para poder oír un susurro, y hay veces que Dios susurra sus secretos en los oídos de aquellos que están lo suficientemente cerca para poder oírlo.

Dios no comparte sus secretos más íntimos con los cristianos casuales. Dios no esta hablando de su información confidencial acerca de sus operaciones al quien le falta al respeto o se burla de él. Él no esta divulgando conocimiento estratégico al que visita el lugar secreto raramente o en ocaciones inconstantes. Esto no quiere decir que Dios esta ocultando sus ideas de la gente, pero estoy enfocando la condición del escuchar a travez de la proximidad a Dios y la prioridad que Dios tiene en la vida de las personas. Cuando es verdaderamente importante, una persona se acerca lo suficiente para escuchar lo que se esta diciendo o buscar con diligencia suficiente para encontrar el conocimiento que necesitan.

Cuando Dios habla, lo hace con un propósito en mente. El habla para que la gente crea lo que el dice y tomen acción en lo que dice. Después de que Jesús había enseñado todo el día y le siguió con una sesión privada de tutoria e instrucción con los discípulos, Jesús tuvo una instrucción importante de él mismo para continual con lo que vino del Padre. Tendrían que cruzar la mar y llegar al país de los Gadarenos.

Como Esta Voz es Moldeada

Aquel día, cuando llegó la noche, les dijo: Pasemos al otro lado.

Marcos 4:35 RVR1960

Es importante recordar que esta es la tarde del mismo día, cuando dió su mensaje en parábolas para construir toda la imagen en varios temas importantes a travez de la Palabra de Dios. Jesús enseño ese día acerca de como operaba el reino de Dios en la tierra, como ser productivo y victorioso en la vida, como aplicar la Palabra de Dios para madurar y llegar a ser mas grandes que las circunstancias de la vida, y como producir específicamente los resultados deseados a travez de la Palabra de Dios.

Despues de haber explicado completeamente el conocimiento adentro de la visión de estas verdades a sus discípulos, en el mismo día de todas estas enseñanzas, Jesús dijo: "Pasémos al otro lado." Jesús le había enseñado a las multitudes que "El sembrador siembra la palabra." Lucas 8:11 dice, "Esta es, pues, la parábola: La semilla es la palabra de Dios." Jesús les había enseñado que las palabras funcionan como semillas. Las palabras producen lo que hay en ellas. Las palabras maduran basadas en el contenido y substancia que hay en ellas. Las palabras materializan en vista lo que han sido destinadas a ser. Al transcurso del tiempo, las palabras se desarrollan a un estado visible que se vuelve palpable y con experiencia.

Jesús estaba haciendo el punto de que basándose en la Palabra de Dios, tienes que hablar lo que quieres que suceda.

Pon Tus Palabras a Trabajar

No puedes hablar de manera natural las cosas que ves y son indeseables, y no puedes hablar tus dudas y esperar que cambien las cosas.

Al hablar las palabras, "Pasémos al otro lado," Jesús declaró un resultado. Fué alineado de la misma manera y la autoridad como cuando Dios dijo. "Sea la luz." Fue su voluntad deseada y esperaba resultado. Aún si el barco se hubiera hundido y hubieran tenido que caminar el resto del camino, Jesús hiba a pasar al otro lado.

Piénsalo. Ésta palabra, "Pasémos al otro lado," les fué hablada personalmente. Tenían todo el derecho de reclamarla, sostenerla, hablarla y recordarsela a Dios, y actuar y hablar de manera correspondiente a esta palabra que había sido plantada en sus vidas y dentro de sus futuros. Jesús estaba hablando verdaderamente lo que el quería. Estaba echando la visión de una realidad futura a cumplirse. Estaba guiando a los discípulos al darles sus instrucciónes. Les estaba mostrando cosas que vendrían en una manera personal e intima. Esto es lo que Dios hace para los creyentes hoy por medio de la voz del Espiritu Santo.

Pero cuando venga el Espíritu de verdad, él os guiará a toda la verdad; porque no hablará por su propia cuenta, sino hablará todo lo que oyére, y os hará saber las cosas que habran de venir.

Juan 16:13 RVR 1960

Cuando Jesús anduvo en la tierra, El le habló al mundo lo que el Padre quería decir, y les habló personalmente a los que eran cercanos a él. Hoy en día, Él frecuentemente nos habla por medio del Espiritu Santo. La versión Biblia Reina Valera 1960 lo declara en Juan 16:13 de esta manera: "Pero cuando venga el Espíritu de verdad, él os guiará a toda verdad; porque no hablará por su propia cuenta, sino que hablará todo lo que oyere, y os hará saber las cosas que habra de venir."

Para poder escuchar lo que Él esta diciendo acerca de lo que habrá de venir, nosotros tenemos que acercarnos y tener un oído para escuchar. Jesús dijo espesíficamente, "El que tiene oídos para oír, oiga" Para Jesús, había un sentido de urgencia de estar posisionados de tal manera que podamos oír.

Mientras enseñaba estas parábolas, Jesús también hizo otra declaración clave en Marcos 4:24-26 que interpreta una pista para operar en la voz de autoridad. "Mirad lo que oís; porque con la misma medida con que medís, se os será medido, y aun se os añadirá a vosotros lo que oís. Porque al que tiene se le dará; y al que no tiene, aun lo que tiene se le quitará."

En respecto a estas declaraciones de tener oídos para oír y mirad lo que oímos, no era y no es solo una cuestión de tener oídos físicos. Es cuestión de estar en los lugares donde puedas escuchar las cosas correctas y posisionarte para dar medida adecuada de respeto y acción a lo que escuchas. En el reporte de Lucas de esta historia, Jesús dijo, "Mirad, pues, como oís." El oyente que se burla, desinteresado y escéptico tendrá un nivel de entendimiento, pero el oyente reverente, enfocado y creyente va a tener un nivel de entendimiento que

Pon Tus Palabras a Trabajar

sobresaldrá. El último grupo tiene una promesa de obtener mas entendimiento y revelación, mas direcciónes productivas, mientras el primer grupo perderá lo poco que hayan podido oír si no se hacen cambios respecto a lo que oyen.

Considera como Jesús hizo las cosas en relación a lo que oía. Isaías 50:4 dice, "Jehova el Señor me dió lengua de sabios, para saber hablar palabras al cansado; despertará mañana tras mañana, despertará mi oído para que óiga como los sabios." Jesús debió haber leído acerca de como Dios le había dado el oído de los sabios y la lengua de un discípulo sabio para hablar con la voz de autoridad en la tierra que portaba autoridad por encima de la angustia. Él tenía que saber esto día tras día, mañana tras mañana el tenía que abrir su oído para oír como los sabios. Y lo que el aprendía era lo que decía.

En Salmos 40: 6-9, Jesús habría leído, "…Has abierto mis oídos; Holocausto y expiación no has demandado. Entonces dije: He aquí, vengo; En el rollo del libro esta escrito de mí; El hacer tu voluntad, Dios mío, me ha agradado, Y tu ley esta en medio de mi corazón… He aquí, no refrené mis labios." Jesús encontró el propósito y la dirección para si vida día a día por medio del Libro-el rollo del libro que contiene las escrituras. El buscó a Dios para que abriera sus oídos para oír y aprender directamente del volumen del Libro de cómo vivir y operar en la tierra.

Imagínate levantar los rollos de libros que contienen las escrituras de Dios y ver por la primera vez las palabras de Dios acerca de tí. Esto es lo que le pasó a Jesús. Con leer las escrituras escritas, Él rápidamente ganó terreno al

Como Esta Voz es Moldeada

aprender acerca de sí mismo, acerca de su llamado, oficio y destino. Él también ganó entendimiento que Dios le hablaría continuamente por medio de esas escrituras, y que Dios le hablaría diariamente de manera directa por medio de la voz de su Espíritu.

Ve lo que Jesus leyó del sacrificio extremo que tendría que hacer para cumplir el plan de redención. Jesús puso atención a lo que escuchó, pero también cómo lo escuchó. Así es como se preparó para los momentos más difíciles de su vida.

Jehová el Señor me abrió el oído, y yo no fui rebelde, ni me volví atrás. Di mi cuerpo a los hereidores, y mis mejillas a los que me mesaban la barba; no escondí mi rostro de injurias y de esputos. Porque Jehová el Señor me ayudará, por tanto no me avergoncé; por eso puse mi rostro como un pedernal, y sé que no seré avergonzado.

Isaias 50:5-7 RVR 1960

Muchas veces, las personas tratan de hablar con la voz de autoridad pero han hecho muy poco para prepararse por dentro para las batallas que vendrán de afuera. Jesús tenía un plan de acción preparado para cuando el tiempo llegara de vivirlo, el estuviera listo, equipado, y fortalecido. Jesús hacia funcionar su autoridad basándose en la palabra escrita y en la palabra hablada de su corazón. Jesús ejercía la voz de autoridad en la base de las dos-trabajando como una. Él tomaba decisiones de como vivir antes de que las pruebas vinieran, no solo durante el tiempo de pruebas o después del tiempo de pruebas. Así es como escucho la palabra con el

Pon Tus Palabras a Trabajar

oído de sabio. Así es como hablo con la lengua de sabio con una voz llena de autoridad.

Si tomamos tiempo para tener oídos que oyen, Dios abriría de igual manera nuestros oídos para tener oído como los sabios. Lo que escuchamos traerá enseñanza a nuestra lengua. Nuestra lengua se convierte como la de los sabios. La verdad clara es esta: Al igual que Jesús, esta escrito acerca de nosotros en el volumen del libro. Nosotros podemos y debemos hacer funcionar nuesrta autoridad basándonos en lo que esta escrito en las escrituras y por lo que ha sido hablado en nuestros corazones. Al hacer las cosas de esta manera damos credibilidad espiritual y poder respaldado del cielo para hablar con la voz de autoridad.

Juan 16:13-15 muestra como la cadena de comunicación y comando funciona para producir la voz de autoridad. Dios le habla a Jesús. Jesús le habla al Espíritu Santo. El Espíritu Santo nos habla a nosotros.

Pero cuando venga el Espíritu de verdad, el os guiará a toda la verdad; porque no hablará por su propia cuenta, sino que hablará todo lo que oyere, y os hará saber las cosas que habran de venir. El me glorificará; porque tomará de lo mío, y os lo hará saber. Todo lo que tiene el Padre es mío; por eso dije que tomara de lo mio, y os lo hará saber.

Juan 16:13-15 RVR 1960

Armados con conocimiento del Espíritu de Verdad guiándonos hacia toda la verdad y mostrándonos las cosas

Como Esta Voz es Moldeada

que han de venir, hablamos a nuestras circunstancias presentes y las futuras respaldados por la autoridad del Padre, el Hijo, y el Espíitu Santo. Nuestra voz de autoridad es liberada en cooperación con principios bíblicos y leyes espirituales. La voz de autoridad con la que hablamos activa mecanísmos espirituales y engancha la ayuda de asistencia angelical. Nuestras palabras estimulan y energizan nuestras acciones, moldean nuestra conducta, y refuerzan nuestro comportamiento para ser constantes con lo que decimos en la voz de autoridad.

Piénsalo: El Padre habla a Jesús, quien a la vez le habla al Espiritu Santo, quien entonces habla a cada uno de nosotros lo que personalmente se noso debe decir, acerca de nosotros mismos. Es aquí cuando y donde la información personal es comunicada a nosotros de Dios acerca de nuestro ordenando, o autorizado lugar en el mundo. Es donde el revela nuestro propósito y destino. Cuándo nos acercamos para oír su voz, y venimos a entender nuestros temas personales, campanass y motivos en la vida.

En el contexto de esto, hay veces que una palabra directa parece fluir en nuestro corazón de parte de Dios como nuestro Padre, o Jesús como nuestro Señor y Salvador, o del Espíritu Santo como nuestro Maestro y Consolador. Hay veces donde lo que Dios nos esta hablando esta siendo comunicado por medio de diferentes aspectos de la Divinidad y aun así nunca pierde la integridad de esta cadena de comunicación.

A como Dios nos habla de esta manera, es aquí donde también los mandatos personales son dados para ser aplicados

Pon Tus Palabras a Trabajar

a nuestras rutinas, circunstancias personales y diarias. Los mandatos personales son las cosas que Dios dice son significativos para nosotros pero tal vez no provoque la misma reacción en los demás. Dios puede decirnos ciertas formas de comer, cosas que debemos parar o empezar, projectos que poner en espera, o personas con quien conectarnos o alejarnos de ellas. Estas cosas puede que no motiven a otras personas a unirse a tu caminar en la misma dirección, pero para ti, es tan importante como la Palabra escrita en un asunto. Puedes posiblemente presentarlo a la consideración de los demás, pero no haces tu mandato personal una ley para los demás. Tú lo aplicas a tu vida para tú beneficio y bienestar y disfruta el fruto de ello.

Po ejemplo, hubo una etapa en mi vida hace unos años donde me estaba sintiendo atropellado, agotado, y continuamente fatigado. Busqué tomar un poco de tiempo adicional de descanso, dormir más, pero nada de esto parecía ayudarme mucho en lo absoluto.

Pero un día, escuche una palabra en mi espíritu, "Bebiendo saldrás de esto" Este es el tipo de declaración que me gustaría explicar profundamente. Sin realmente reconocerlo, me había estado deshidratando. Pero al oír esa frase, "Bebe para salir de esto", tuve la impresión que debía de modificar y mejorar el tipo de liquidos que estaba tomando en base diaria. Comencé a tomar más y mejor agua purificada. Incorporé el te verde, bebidas con electrolitos, y algunas bebidas prebióticas en mi régimen. No hice esto solo una vez por varias horas un día, continué rellenando mi cuerpo a travez de un periodo de

Como Esta Voz es Moldeada

tiempo con liquidos buenos, y me sentí mucho mejor después de eso bastante rápido.

Éste fué un mandato que recibí y respeté como procedente del Señor hablando a mi corazón. No era necesariamente algo que yo tenia que asignar en la vida de los demás. Ciertamente, es algo bueno tener en cuenta poner los correctos y mejores tipos de liquidos en nuestros cuerpos como principio general, pero los pasos que necesitaba tomar no eran para todos. Pero este fué un evento que cambio la vida para mi.

Hubo otra vez hace muchos años atrás, estaba pasando un tiempo de dificultad física con un dolor de espalda intenso. El dolor era tan constante y prominente que era muy difícil dormir. Una mañana, saliendo de un par de horas de sueno en la madrugada, escuché estas palabras, "Si el descansa, se recuperará." Entonces escuché otra voz, "¿Lo hará?" La respuesta fue, "Si lo hará."

Pero ese no fué el final de la historia. Mientras buscaba todavía más al Señor, me quedé impresionado al leer el libro de Marcos en su totalidad todos los días. Después obtuve instrucciones añadidas a grabar el libro de Marcos verbalmente en mi propia voz y continuar a leer Marcos diariamente mientras escuchaba mi voz leyéndolo. Esto siguió por un corto periodo de tiempo y fue acompañada por otra instrucción de incorporar un suplemento nutricional específico. La Palabra y los suplementos aliviaron el dolor, que a su vez me dio fuerza y alivio para dormir y descansar, en cuestión de unos pocos días me recuperé de algo que

Pon Tus Palabras a Trabajar

me había estado molestando por un periodo de tiempo extendido.

Así sean direcciónes grandiosas, generales, o que cambiarán tu vida las que Él nos da, o direcciónes personales que remueven las zorras pequeñas antes de que puedan crecer, es con el oído del sabio con el que podemos escuchar Su voluntad y Su Palabra. Así esten escritas en las Sagradas Escrituras o sean habladas a nuestros corazones alineandose a las escrituras, la voluntad de Dios es la Palabra de Dios y este es nuestro lugar de autoridad. Es con el oído del sabio que debemos hablar con la lengua del sabio y en la voz de autoridad. Y haciendo estas cosas con regularidad crecerá y edificara la voz de autoridad en tí.

Capítulo 4

Viaje a Través del Mar

Y les dijo aquel día cuando fuere tarde: Pasémos de la otra parte. Y despachando la multitud, le tomaron como estaba, en el barco; y había también con él otros barquitos.

Marcos 4:35-36 RVES

Después de haber esneñado todo el día, las multitudes fueron despachadas, y Jesús les dio direcciónes de pasar al otro lado. La Palabra fue sembrada durante todo el día a las multitudes, y después en privado con los discípulos. Estaba siendo sembrada de nuevo mientras los discípulos bordaban el barco. La fe había venido como pasajera lista para viajar con los discípulos. Jesús estaba en el barco, también, pero obviamente cansado de un día lleno de ministración. No solamente estaba el barco en el que viajaban los discípulos viajando a través del mar, pero otros barquitos estaban viajando con ellos.

Esto saca a relucir otro punto general importante acerca de operar en la voz de autoridad. Hay otros dependiendo de ti para que tomes tu lugar, cumplas con tu parte, y ejercites la autoridad en tu esfera de influencia. Sea en tu familia, área de trabajo, o ministerio, aquellos bajo tu jurisdicción

Pon Tus Palabras a Trabajar

te están mirando para contribuir a su seguridad y bienestar. Esto no es para justificar las responsabilidades de los demás y ejercitar su propia autoridad, pero líderes de cualquier capacidad y cada oficio deben hacer su parte para desarrollar la voz de autoridad.

Permaneciendo bajo la esfera de influencia a la que has sido asignado, y siendo encontrado en tu lugar verdadero son claves para que tu autoridad sea eficazmente desplegada. Esto significa respetando y sometiéndose a la autoridad bajo la cual Dios te ha puesto. También significa respetar sus palabras y direcciónes, aún en tiempos estresantes y desafiantes.

Y se levantó una grande tempestad de viento, y echaba las olas en el barco, de tal manera que ya se henchía.

Marcos 4:37 RVES

A como los discípulos estaban navegando a travéz del mar en cooperación con lo que Jesús dijo, se encontraron con la resistencia. Una gran tempestad se levantó. Esta palabra "levantar" significa "causar a ser, ser generado y hacer que pase." Habia unas fuerzas invisibles y repentinas obrando para crear esta tormenta, porque la implicación era que esta tormenta apareció de la nada, sin el tipo de advertencia previsible que Acompaña una tempestad de semejantes dimensiones. ¿Alguana vez has escuchado la frase, "salio de la nada" o "inesperadamente"? Significa que las cosas estaban claras y después, "zás!" Era como estar cegado y noqueado en curva. Así fue como se desarrolló, de repente, rápido, y con gran ferocidad y fuerza.

Una cosa que hace esto muy raro es que varios de los discípulos eran pescadores con experiencia quienes hubieran entendido los mares y señales de clima. Habrían de haber tenido algún presentimiento de una tormenta en el horizonte. Si habían indicaciones de una tormenta y nadie mas había dicho nada, yo pienso que Pedro hubiera dicho algo cuando Jesús dijo, "*Pasemos al otro lado del mar.*"

A sí que de la nada llego la "tormenta perfecta." Marcos 4:37 la describe como una *"grande"* tormenta. La palabra grande es *megas* y significa "extremadamente grande, mayor, máxima, extensa, fuerte y poderosa." Esta tormenta se escucha como un gran tornado, como un tren de carga retumbando por un túnel.

Consideremos el significado completo de otras de las palabras en este versículo. La palabra para tormenta significa "torbellino, chubasco y tempestad." La palabra para viento significa "viento a consecuencia de los cuatro angulos de la tierra; soplar aire." La Biblia delas Americas dice, "Pero se levanto una violenta tempestad (de proporciones de huracán). Desde estos significados descriptivos, podemos ver que esta no era una tormenta ordinaria.

Esta tormenta se levanto específicamente para desafiar, impugnar y volcar las palabras que Jesús expreso, "Pasemos al otro lado," y en sentido general, para desarraigarlas palabras que Jesús había estado enseñando durante todo el día. ¿Recuerdas la parábola del sembrador? ¿Cuáles son las

Pon Tus Palabras a Trabajar

tácticas espesificas del enemigo para extraer poder y eficacia de la Palabra de Dios?

Y estos son los de junto al camino: en quienes se siembra la palabra, pero después que la oyen, en seguida viene Satanás, y quita la palabra que se sembro en sus corazones. Estos son así mismo los que fueron sembrados en pedregales: los que cuando han oído la palabra, al momento la reciben con gozo; pero no tienen raíz en si, sino que son de corta duración, porque cuando viene la tribulación o la persecución por causa de la palabra, luego tropiezan. Estos son los que fueron sembrados entre espinos: los que oyen la palabra, pero los afanes de este siglo, y el engano de las riqueas, y las codicias de otras cosas, entran y ahogan la palabra, y se hace infructuosa. Y estos son los que fuero sembrados en buena tierra: los que oyen la palabra y la reciben, y da fruto a treinta, a sesenta, y a ciento por uno.

Marcos 4:15-20 RVR 1960

Notemos que con el tipo de suelo del camino, Satanás viene imediatamente a robar la palabra que ha sido sembrada. Hablando de la misma parábola, Mateo 13:19 lo pone de esta manera. *"Cuando uno oye la palabra del reino y no la entiende, viene el malo, y arrebata lo que fué sembrado en su corazón."* Desde lo que paso en el barco, el enemigo utilizo varias de las tácticas que Jesús explicó. Porque los discípulos tenían una gama limitada de entender completamente todo lo que Jesús había estado enseñando ese día, el empezó a usar la aflicción y afánes con una fuerte dosis de temor, pánico, confucion

Viaje a Través del Mar

y caos para distraer y arrebatar todo lo que Jesús les había enseñando ese día y que después impartió a los discípulos cuando estaban juntos en privado.

Es interesante observar que el efrontar adversidad potencialmente tiene una manera de imponer una amnesia de término corto a nuestras mentes y nuestra fe si lo permitimos. Algunas veces, se nos olvida que tenemos acceso a las herramientas y la autoridad para resistir y vencer la adversidad. Eso es un aspecto de como se demuestra una falta de comprensión. El entendimiento que esta firmemente enclavado viene a ser parte de un sistema de respuestas automatico cuando las crisis y adversidades se levantan. Es muy similar a la respuesta de reflejo que tenemos cuando un doctor nos da un golpecito bajo la rotula de la rodilla con un martillo de goma. El punto de presión en la rodilla responde con un espasmo hacia adelante cuando se enfrenta con una presión del exterior. Esto es lo que el entendimiento enclavado puede hacer cuando enfrentamos dificultades, malas noticias, tiempos difíciles, o crisis de cualquier origen. En lugar de contraernos, respondemos con un tirón hacia adelante para atacar una crisis con fe, autoridad, y soluciones aprobadas bíblicamente.

Dada esta respuesta automática a las crisis, no elimina el dolor y la confusión que una crisis puede traer. La crisis trae presión, y los discipulos estaban en una crisis y bajo presión, ciertamente. La presión por medio de personas es categorizada como persecución, mientras la presión que viene por medio de circunstancias es aflicción. Los

Pon Tus Palabras a Trabajar

discípulos estaban siendo afligidos, y esto estaba ahogando cualquier oportunidad para la palabra que había sido plantada en sus corazones para dominar sus circunstancias. Si nos encontramos en una crisis, es importante recordar que la fe no pone presión en las personas para resolver sus problemas. La fe habla con la voz de autoridad, le cree a Dios y su palabra, y ejercita presión en contra de las circunstancias.

Años atrás, estaba con un grupo de personas volando hacia Dallas- Fortwroth de la costa Oeste. Derrepente, fuimos afligidos con mayores e inusuales turbulencias y experimentamos una caída de altitud sgnificativa lo que parecía ser un periodo de tiempo prolongado, lo suficientemente grande que causó que varios de nosotros estuvimos cerca de tocar el cajón del equipaje con nuestras cabezas. Me alarmé pero tenia un sentido de paz, recordando que antes de bordar ese avión, yo había dicho, "Pasemos sin peligro a nuestro destino." Llegamos sin peligro y estas palabras, junto con la fe de los demás, desempeño un papel en esa sensacion de paz.

Hay momentos en la vida en los que tal vez puedas sentir que las tormentas están extremadamente en tu contra, como si los vientos de adversidad se han juntado en contra tuya desde los cuatro angulos de la tierra. Es como si las circunstancias estuvieran creando un efecto de torbellino, y tu vida se estuviera arremolinando fuera de control, pero recuerda las palabras, "Pasemos hacia el otro

Viaje a Través del Mar

lado," y recuerda el impacto y la autoridad del "Calla, enmudece."

Cuando hablas con la voz de autoridad para expresar lo que Dios puso en tu corazón, habrá oposición o fuerzas resistentes de algún tipo, y en ocasiones puede ser estupendo, pero recuerda, "Mayor es el que esta en vosotros, que el que esta en el mundo." Puede que tengas dificultades financieras o hasta desastres financieros, pero rodéate de palabras y evidencias de las escrituras que tu Dios proveerá todas tus necesidades. En esos momentos, continua diciendo, "¡El Señor proveerá!" Tal véz habrá veces en las que hayas sido tratado injustamente. Recuerda en tu mente lo que Dios dice, y decláralo en voz alta: "Mía es la venganza. Yo pagaré." Solo asegúrate de que no estes ayudando a la oposición con escasas investigaciones e incluso malas desiciones. Asegurate de que no estes contribuyendo y consintiendo las dificultades que están siendo enfrentadas.

Cuando las tormentas vienen-y no se esta dudando que las tormentas vendrán-solo recuerda que éstas son tácticas de resistencia y desviación del enemigo o del entorno, pero no tienes porque participar en las tácticas. Tú estas en control de las respuestas y desiciones que tomas en una tormenta. Algunas veces es inevitable, pero cuando y done quiera que sea posible, retrasa temporalmente el tomar decisiones criticas en medio de una tormenta. Primero, trata con la causa de la raíz de la tormenta lo mas que puedas antes de tomar desiciones que definirán tu vida.

Pon Tus Palabras a Trabajar

Entendamos que hay veces en las que la tormenta es afectada directamente por desiciones que deben ser tomadas en ese momento. Puedes estar en un argumento combativo con alguien, pero depende de ti si el argumento escala a un lugar más serio y peligroso.

Cada argumento e incluso una discusión conversacional esta cultivanto una decisión. Cuando debes de tomar una decisión en la tormenta, sigue el ejemplo de Jesús y háblale a la fuente que esta causando la tormenta mientras estas tomando las desiciones. Cualquiera que sea el "síntoma" visible de la tormenta, el enemigo esta detrás de las cosas designadas para alejarte de Dios y su voluntad. Lanza tu voz de autoridad en contra del enemigo y todas sus maniobras y operaciónes, y haz claro que debe cesar y desistir. Si necesitas hacerlo, síguele recordando que no tiene poder y ya no puede afligirte.

… Y las olas en el barco, de tal manera que ya se henchía.

Marcos 4:37 RVES

La palabra para "olas" significa "estar embarazada, hinchar, doblarse, curvear y ondular como si se reventara o derribara." Estas olas estaban causando que todos perdieran su balance, equilibrio y enfoque.

La Biblia Reina Valera Contemporanea dice "las olas azotaban la barca." La palabra "azotar" significa "sobreponer, arrojar sobre, extender, pensar en." Carga el pensamiento de "golpear en olas continuas con soplos repetidos e implacables."

Viaje a Través del Mar

La palabra usada aquí para "azotar" siempre se refiere a una persona o una personalidad. Satanás es la persona que trabaja debajo de todas las dificultades y en la raíz de la oposición a la Palabra de Dios y el conocimiento de Dios. La oposición a la voluntad de Dios se deriva de la oposición primaria que el enemigo tiene para todas las cosas de Dios.

Entonces cuando enfrentamos persecusion, la presión de la gente, toma en cuenta que no estamos peleando contra sangre ni carne pero contra las jerarquías del infierno y sus residentes. Muchas veces las personas pueden ver solo las circunstancias físicas y buscan solo localizar las crcunstancias físicas en una tormenta o crisis. *Pero una cosa que hay que tener en mente primero es que debemos entender y descubrir si hay condiciones espirituales o influencias espirituales que son causas encubiertas a los problemas que estas enfrentando.*

Si sigues enfrentando ausencia financiera, y sigues vendiendo lo que tienes o sigues buscando un segundo y tercer trabajo, tal vez provea alivio temporal pero tal vez nunca pueda tratar con la raíz del problema que esta causando la ausencia. ¿Y que haras cuando se te acaben las cosas para vender y la energía y tiempo para buscar tu cuarto o quinto trabajo? Busca el consejo de Dios para entender la raíz de la causa de repetición en la falta o cualquier circunstancia adversa que continua apareciendose a tu vida de temporada a temporada. Hasta que nos se trate con la raíz apropiadamente, el tratar con los síntomas solo dejara que los problemas persistan en el futuro.

Pon Tus Palabras a Trabajar

Pueden ser creencias pre acondicionadas y comportamientos penetrados dentro del corazón, inconscientemente siendo repetidas que te siguen aterrizando en circunstancias indeseables. Si esto es verdad, encuentra escrituras que resuelvan ese problema. Pelea una condición espiritual con una solución espiritual.

Hay otra táctica del enemigo llamada la técnica de "apilar o amontonar" ¿Alguna ve has tratado de cargar demasiadas cosas que se te caen casi todas, haciendo un tiradero, frustrándote, y prolongando una tarea que solo debio de haber tomado la midad del timpo? Al enemigo le gusta apilar actividades y requisitos en tu tiempo y a tu vida para amontonarte y así conseguir que te frustres, paralices y seas ineficáz en tus actividades.

Cuando era jóven, jugaba futbol americano con los muchachos del vecindario. Muchas de las veces me tocaba ser el jugador de ataque o el portador de pelota, y ovaismente por mi posision , era el objetivo de atención de cada uno de los muchachos de la defensa. Era bastante resbaladizzo cuando se trataba de ser atacado- No me gustaba ser golpeado o que se me lanzaran encima varios muchachos a la vez.

Una que otra vez era atacado por cuatro o cinco muchachos quienes se me amontonaban encima y me dejaban abajo por un tiempo antes de quitárseme de encima. Como pueden imaginarse en las cascaritas de parque, no teníamos referis oficiales encargándose de nuestras penalizaciones, entonces pasaba un poco de todo. Todavía puedo recordar que tan desagradable era estar hasta abajo del montón. Por

Viaje a Través del Mar

un instante te sientes como si nunca se te van a quitar de encima. No te puedes mover, y es difícil de respirar par adejar que tus pulmones alcancen su siguiente aliento de aire. Esa fué la técnica de "apilar y amontonar."

¿Alguna vez has sentido como si estas debajo del montón? El montón es diseñado para venir sobre ti con una cosa tras de otra, como si estuvieras siendo golpeado con los repetidos, implacables golpes de un puño. Satanás tratará de amontonarse sobre tu vida y golpearte con olas sobre olas de aflicciones-facturas, síntomas corporales, problemas relacionales, miedos, dudas, preocupaciones, y situaciones aparentemente sin esperanza. Esta táctica traerá olas de pensamientos para meditar, y pensamientos que parecen extenderse sobre tu alma-tu mente, voluntad, emociones e imaginaciones-para tratar de reprimirte como una lona ponderada y empapada, para agobiarte, sofocarte y ahogarte con derrota, fracaso, y resultados destructivos.

Si eso te pasa a ti, quiero que sepas que es la técnica de amontonar. Puede parecer que durara para siempre, pero "esto también pasara." Pasaras hacia el otro lado si utilizas la voz de autoridad. Cuando hablas con autoridad afirmando tu fe y declarando de la escritura, energiza tu esperanza. Debes continuar en esta manera imponiendo tu voluntad. Inicialmente parecerá que las cosas no están cambiando, pero mantén la línea y permanece en el camino. Destellos de esperanza aparecerán. Lo que parece ser oscuro y sin esperanza comenzarán a ser iluminado e infundido con una expectación de que las cosas van a mejorar y que seguirán haciéndolo.

Pon Tus Palabras a Trabajar

Yo se lo que es enfrentarse con sufrimientos, el sentirse deprimido, y casi resignarse a que la vida nunca mejorará. Yo se lo que es escuchar las burlas del enemigo en los oídos de mi alma diciéndome que nunca seré sanado de alguna enfermedad u otra, que nunca tendré una vida mejor que en la que estoy actualmente situado en este momento, siendo condenado y atormentado en la prisión de una mente bajo ataque. Pero tambies se lo que es salir del otro lado, libre de enfermedad o lesiones, libre de la oscuridad y depresión, libre de las mentiras y decepciones del enemigo. Cuando me sentí lastrado y hundido mas lejos de lo que Dios prometio, como los discípulos, pude salir del barco que se hundía.

El barco en el que estaban los discípulos comezo a llenarse con agua al punto de hundirse hasta las profundidades del mar. Así como los vientos crearon muy significativas, abultadas, inclinadas y curveadas olas que mandaron el agua sobre la cubierta del barco, aunque las circunstancias trataran de batir tus emociones como olas para seguir golpeando y poniendo presión en tu alma al punto de que te sientas agobiado y a punto de hundirte. Este es el momento en el que debes de convertirte en el maerstro de tus circunstancias. Pero en Marcos 4, este no fué el caso con los discípulos.

A causa de sus circunstancias, sus vidas ahora estaban llenas de pánico, temor, preocupación, y presión. Las circunstancias pueden escalar las emociones que a su vez pueden escalar las circunstancias. Cuando esto pasa, una persona esta realmente conspirando contra si misma para intensificar sentimientos negativos y traer derrota a sus vidas. Se tiene que tomar acción. Involucrar al Maestro es una buena idea pero no del estado de mente y de pánico en el que los discípulos despertaron a Jesús.

Cuando le avisaron a Jesús lo que estaba pasando en el barco, observa el contraste entre Jesús y los discípulos.

Y el (Jesús) estaba en la popa, durmiendo sobre un cabezal, y le despertaron, y le dicen: ¿Maestro, no tienes cuidado que perecemos?

Marcos 4:38 RVES

Mientras los discípulos estaban en pánico, Jesús estaba durmiendo. Este tuvo que haber sido un suenio profundo, porque la tormenta era violenta, el viento estaba golpeando, las olas estaban azotando, el barco se estaba llenando de agua, los discípulos estaban gritando y clamando en pánico. A veces, una de las mejores cosas que puedes hacer al enfrentar tus problemas es encomendárselos a Dios y llegar a un lugar de descanzo. Tal vez hasta tengas que irte a dormir, pero lo que sea que hagas, ¡hecha tus cargas sobre el!

Los discípulos le dijeron con voz fuerte a Jesús, "¡Nos estamos hundiendo y nos vamos a ahogar! ¿No te importa que perezcamos?" Una traducción de la Biblia de este versículo dice, "¿A caso no te importa que nos estamos hundiendo y a punto de morir?

Involucrar al Maestro para que puedas dominar tus circunstancias es verdaderamente una buena idea, la idea correcta y mejor. Es una idea estupénda. Es una idea de Dios. Pero la manera en la que te acercas a él es importante.

Pon Tus Palabras a Trabajar

Los discípulos se acercaron a Jesús en temor y duda. Tan difícil como pueda ser, cuando estamos en tormentas y crisis, tenemos que dominar nuestra fuerza espiritual y fortaleza intestinal para permanecer en un lugar de fe y confianza en Dios, respetándolo no solo por lo que necesitas o lo que él pueda hacer por ti, pero por lo que él es y será. Claro que a él le importa. Siempre permanece en el lado de Dios. El ayudara el que clama a el. Clama en fé y confianza.

Tenemos que entender que sus palabras de duda eran palabras fuertes en directa oposición a "Pasemos hacia el otro lado." Sin importar que tan terribles parescan las circunstancias, recuerda Sus palabras, "Yo te veré atravesar esto, te sustentaré y te sostendré, y atravesaras de un lado al otro muy bien. Todo va a estar bien. Todo va a estar muy bien."

Al estudiar las acciones de Jesús en la tormenta, veremos la forma de acción que debemos tomar si enfrentamos tiempos difíciles e incluso peligrosos.No solamente leas las palabras que él habló, pero captura el espíritu de lo que Jesús dijo e hizo.

Y levantándose, increpó al viento, y dijo a la mar: Calla, enmudece. Y cesó el viento, y fué hecha grande bonanza.

Marcos 4:39 RVES

Veamos los contrastes una vez mas, no para criticar a los discípulos, pero para comprender como hacer esto y experimentar lo que es posible.

Viaje a Través del Mar

Para su crédito, si corrieron hacia Jesús en su tiempo de necesidad, pero los discípulos le hablaron a Jesús con pánico acerca del problema. En contraste, Jesús reprendio el viento y le hablo al mar. Ellos nunca le hablaron al viento, al mar o entre ellos mismos en memoria y confianza en la palabra "Pasemos hacia el otro lado." Nunca se hablaron entre ellos miscos con la palabra que Jesús les ensenio ese día y justo antes de irse.

Los discípulos nunca trataron con la raíz y el origen de lo que causo la tormenta, ni tampoco consideraron la causa principal o la razón del origen de la tormenta misma. La causa principal de la tormenta fue encontrada en la naturaleza maldecida de la tierra- el viento sobre el cual tenían la autoridad de ejercer. La espesifica causa principal y el origen de la tormenta misma era el enemigo oponiéndose a la Palabra, y la misión de Jesús y su tarea de crusar al otro lado del mar.

Los discípulos dijeron exclusivamente lo que tenían y lo que estaban experimentado. Jesús dijo lo que queria y deseaba ambos antes y después de la tormenta. El habló los resultados esperados para el futuro y en contra de las presentes circunstancias. El llamó las cosas que no eran no existían, como si ya estuvieran en exsistencia. El sabía que las cosas ya estaban hechas, no solo cuando veía producirse lo que el quería, pero cuando hablaba lo que quería que se produjera.

Jesús ordenó los resultados. Aún cuando las circunstancias se oponían a sus palabras, su voluntad y su autoridad, Jesús le apareció a las circunstancias. Las circunstancias no solo le

Pon Tus Palabras a Trabajar

pasaron a él. Los discípulos hicieron todo lo que pudieron para aguantar y de algún modo sobrevivir la tormenta. Jesús inició un cambio de eventos y altero la atmosfera a su alrededor. Los discípulos no sintieron que se les había sido dado nungun poder o autoridad para cambiar las cosas que les estaban pasando.

Los discípulos se consideraban hombres sujetos a las leyes de la tierra. Jesús se veía como el que tenía el dominio sobre las leyes de la tierra.

Aún cuando las circunstancias llegaban a oponerse a sus palabras, su voluntad y su autoridad, Jesús le apareció a las circunstancias, las circunstancias no le aparecieron a él.

Investiguemos lo que hizo Jesús y la estuctura de pensamientos detrás de sus palabras y acciones. Después de haber sido despertado, Jesús se levantó. ¿Recuerdas como se levantó la tormenta? Repentínamente, violentamente, de la nada y con enorme vigor. La palabra para como se "levantó" Jesús de estar durmiendo es diferente de como se levantó la tormenta y significa "despertar plenamente, levanarse, agitar."

A como trazas la raíz de esta palabra, también significa "reunirse en el lugar principal de encuentro, plaza de la ciudad, mercado, via pública o calle."También tiene la idea de "colectar las facultades de uno para despertar del sueño, de estar sentado o acostado, de enfermedad, de muerte, de oscuridad o inactividad, pararse, comenzar y elevarse de las ruinas."

En medio de una tormenta o crisis, hay veces cuando necesitas tener un "encuentro en la plaza de la ciudad" en el

Viaje a Través del Mar

lugar principal de tu mente y decidir de la Palabra de Dios que y como quieres que las cosas y circunstancias sean en tu vida. En una tormenta, tendras que despertar plenamente y colecctar tus facultades para levantarte de cualquier cosa que esta tratando de arruinar tu día, de estorbarte en cierta temporada de tiempo, o discapasitar tu vida por completo. Tendras que usar la voz de autoridad para poseer lo que legitimamente te pertenece y ponerte de pie a las circunstancias de oposición y en contra del enemigo. Pon tus circunstancias y al enemigo en su lugar con tus ordenes y declaraciones.

Jesús reprendió al viento. La palabra "reprender" significa "prohibir, cargar de inmediato, censurar y amonestar." También significa "(colocar) sobre impuestos. La Biblia dice Jesús reprendió el viento, que no necesariamente significa que Jesús dijo, "Viento, te reprendo."

¿Alguna vez has sido reprendido? A caso el reprensor dijo. ¿"Juan" o "Jane, te reprendo?" Probablemente no. ¿Como se reprende una persona? Una reprencion apropiada toma en cuenta requisitos insatisfechos y puntos de comportamiento que son inaceptables. Una reprencion da entonces expectativas de cambio en una actitud o comportamiento que es aceptable y da expectativas que las cosas cambiaran dentro de una cantidad de tiempo.

Al entender el significado de la palabra "reprender", Yo creo que podemos comprender el espíritu de lo que Jesús dijo cuando "reprendió al viento." Siguiente a la reprención del viento, Jesús le habló al mar, "Calla, enmudece." Jeus tomó

Pon Tus Palabras a Trabajar

y dirigió las palabras que imponian sus derechos basados en la palabra de Dios. ¿Cuáles derechos? Cubriremos esto en mayor dtalle después, pero había varios derechos básicos, legales, y de pacto en los cuales Jesús operaba esto entre otras cosas, incluyendo la autoridad de Adán, Abraham, ley de Moisés, y de David.

Jesús reprendió y controló el viento—las circunstancias—desde su deposito de dominio y poder gobernante que tenia sobre su propia voluntad y alma. Esto le permitía espesíficamente, a propósito y precisamente orientar la lieracion por medio de sus palabras.

Jesús "le dijo al mar, Calma, enmudece." Jesús hablo los resultados que el deseaba desde ese lugar de dominio y autoridad legal. Él le ordeno al caos a calmarse. Y él lo hizo basándose en la Palabra escrita de la cual él tenia un entendimiento infundido.

Alzaron los ríos, oh Jehová, Alzaron los ríos su sonido; Alzaron los ríos sus ondas. Jehová en las alturas es más poderoso que el estruendo de las muchas aguas, más que las recias ondas del mar.

Salmos 93:3-4 RVES

Tú tienes dominio sobre la bravura del mar: Cuando se levantan sus olas tu las sosiegas.

Salmos 89:9 RVES

Viaje a Través del Mar

Calman empero a Jehová en su angustia, Y líbralos de sus aflicciones. Hace para la tempestad en sosiego, Y se apaciguan sus ondas. Alégranse luego porque se reposaron; Y él los guíar al puerto que deseaban.

Salmos 107:28-30 RVES

Jesús podía pararse con gran confianza en el barco enfrente de la tormenta y hablarle desde sus derechos para "levantar y calmar el furioso mar y las olas." Aunque un diluvio levante si voz, la voz del Señor es como muchas aguas y mucho mas grande en volumen. Su voz es más grande y más poderosa que las fuertes olas del mar.

Durante las veces cuando las preocupaciones de la vida y el rugir de circunstancias endurecidas buscan ahogar la voz del Señor, podemos confiar que su voz es más grande. Nuestros derechos y responsabilidades son clamarle al Señor, y después utilizar nuestra voz de la misma manera que el usaría la suya para hacer que las tormentas se calmen par aque las olas sean quietas y seamos llevados al puerto deseado en la vida.

Operar eficazmente en la voz de autoridad requiere que busques diligentemente las escrituras para saber lo que debe salir de tu boca. Va a requerir que busques el sonar de su voz en tu espíritu para saber las palabras que debes hablar a su tiempo. Si quieres cambiar el escenario de tu vida, debes cambiar los sonidos que salen de tu boca.

Hay veces en que debes hacer que tu vida este quieta antes de que puedas ver algún cambio en tus circunstancias

Pon Tus Palabras a Trabajar

o alcanzar tu puerto desesado. Puedes tranquilizar tu vida al hablar paz y calma a tu alma, después a tus circunstancias. Cuando el mundo a tu alrededor esta arremolinándose en confusión y caos, debes ordenarle a tu alma a "estar calmada", ordénale a tu mente a "estar tranquila y en paz."

La manera en que las circunstancias aparecen en tu vida están conectadas a como las ves en tu alma. Recuerda, no vemos las cosas de la manera en que son, vemos las cosas de la manera en que somos nosotros. Las buenas noticias en todo esto es que puedes usar la ley de dominar imágenes mencionadas en el capitulo 3 a tu ventaja para sacarte de cualquier circunstancia no deseada para construir una nueva y mejor realidad. Define cual es esa realidad. Cuando hayas definido la dirección y realidad que necesitas o quieres que tu vida lleve, asegúrate de que sea la voluntad y camino de Dios y hazla tu imagen mas fuerte en tu vida.

Envuelve tu corazón, mente y palabras alrededor de tus más insistentes, urgentes y mayores necesidades en tu vida en este momento. Crea la solución de la Palabra la imagen más dominante en tu vida, y haz que esa solución sean las palabras más dominantes que salgan de tu boca.

La palabra que Jesús utilizó para "paz" al tranquilizaar el mar significa "silencio, cállate." Porta el pensamiento de "tranquilidad involuntaria o inhabilidad de hablar." Una vez que la paz esta en tu alma, las circunstancias ya no pueden hablarte o encontra tuya con cualquier tipo de fuerza demostrada que perturbe tu alma y voluntad.

Viaje a Través del Mar

Una vez que hagas que el ventoso caos de las circunstancias se tranquilice, no tienen voluntad voluntaria de oponerse a ti.

La palabra que Jesús utilizó para "enmudecer" significa "bozal." Tu voz de autoridad abozala la voz de oposición y puede reprimir la voz del enemigo. Un momento las circunstancias y el enemigo pueden estar gritándote, pero a tu reprencion y órdenes, son abozalados al silencio.

Y levantándose, increpó al viento, y dijo a la mar: Calla, enmudece. Y cesó el viento, y fue hecha gran bonanza.

Marcos 4:39 RVES

Los resultados de lanar la voz de autoridad adecuadamente y efectivamente causaron que el viento cesara y causara una gran bonanza. "Cesar" significa "cansarse, relajar, reducir en fuerza, talar, o abatir." La Biblia Contemporanea dice, "Y el viento se calmó, y todo quedo en completa calma.

Hubo un abatimiento que se llevo a cabo y era Jesús venciendo las circunstancias y oposiciones en su vida al ejercer su fe por medio de la voz de autoridad en contra de circunstancias y oposición. La tormenta se desgastó a si misma y fue vencida y hubo una gran e inmediata calma. Tan grande y rempentina como se levanto esta tormenta, al mismo grado y urgencia se levanto la calma que se apodero del barco y de los otros barquitos a su alrededor.

En un instante, aparte de la poca agua en el barco y la ropa empapada por el mar, era como si la tormetne nunca

Pon Tus Palabras a Trabajar

se hubiese levantado. Era como si no hubiera pegado o levantado. En un momento era de una manera, y en el siguiente momento ¡todo había cambiado! Hay veces en la vida en los que tengamos dolor que dure una noche o una breve temporada, pero hay gozo y risa que vienen después. Por medio de la voz de autoridad, Dios puede cambiar el luto a risa y el dolor a gozo. El puede cambiar el caos a paz.

Deja que el use tu voz para realizar su voluntad por medio de la voz de autoridad y unas cosas que necesitas que cambien pasaran repentinamente. Esta es mi decreto y declaración sobre tu vida. Las cosas que ya estaban de una manera cambiaran repentinamente cuando lances la voz de autoridad y te pares en tus propias declaraciones en fé.

Y a ellos dijo: ¿Por qué estáis así amedrentados? ¿Cómo no tenéis fé? Y terminaron con gran temor, y decían el uno al otro. ¿Quién es éste, que aún el viento y la mar obedecen?

Marcos 4:40-41 RVES

La pregunta de Jesús hacia ellos era decir, "Escucharon esta Palabra ser enseñada hoy, escucharon mis instrucciónes. ¿Cómo puede ser que tengan miedo y se les haya olvidado lo que les dije?" El esperaba que ellos hicieran lo que el hizo con la tormenta. La versión de Lucas de este acontecimiento tiene a los discípulos diciendo que Jesús dirigió al viento y la mar." Jesús esperaba completamente que los discípulos hicieran lo que el hizo. El esperaba que ellos, de la misma manera pudieron haber usado su

Viaje a Través del Mar

su voz para dar autoridad a sus mandatos los cuales el viento y la mar hubieran tenido que obedecer. Los discípulos en lugar quedaron preguntándose, "¿Qué clase de hombre es éste? La respuesta que Jesús estaba demostrando en el barco y el los incidentes que vendrían después era, "La clase de hombre que soy es la misma clase de hombre que eres cuando tomas tu voz y hablas Mi palabra y Mi voluntad para soltar la fe por medio de tu autoridad en la tierra en acuerdo con el cielo."

¿Esta la mayoría de la gente ahí ya? En la escala más grande, no, no lo están. Pero es por eso que debemos aprender, saber, estudiar, y crecer en nuestro entendimiento y aplicación de lo que Jesús estaba enseñando acerca de la voz de autoridad. Podemos cometer errores en el camino, pero nunca nadie ha aprendido mucho cuando tienen miedo a cometer errores. Es lo que hacemos por aprender de nuestros errores, y no retractarse de lo que es justamente de nosotros, esto hará la diferencia en nuestras vidas y en las vidad de los que nos rodean.

Esto es algo bueno para que todos lo expresen, pero especialmente si estas pasando dificultades y tormentas, haz esta declaración de fé sobre tu vida en tu voz de autoridad (te hara bien definir las circunstancias espesificas en las que deceas ver el camibio):

"Circunstancias de mi vida, te estoy hablando a ti. Circunstancias y tormentas en mi vida, Te ordeno que pares el caos y la confusión, y que estes en paz. Te ordeno confusión que te vallas de mi vida, mi casa, mis amistades, mis finanzas,

Pon Tus Palabras a Trabajar

mi ministerio, y mi trabajo. Te digo "Calma, enmudece." Alma mía, manten la calma, manten la tranquilidad. Yo llamo a que la claridad de visión y propósito vengan a mí ahora. Yo llamo a la sabiduría y favor hacia mí ahora. Espíritu de verdad, guíame hacia toda verdad, muéstrame lo que vendrá. Espíritu de Gracia, ven sobre mí, para vivir lo que la verdad requiere, y para hacer lo que la verdad ordena.

En muchos aspectos, hablando espiritualmente, debemos ser como un buen científico. Necesitamos ser como científicos espirituales ejercitando constantemente nuestro entendimiento, no estar ofendidos o desanimados por los aparentes fracasos a lo largo del camino para crecer en nuestra habilidad, para usar la voz de autoridad.

Una cosa que le ayudo a Jesús a funcionar de la manera que lo hizo era que el conosía la autoridad que era legítimamente suya para usarla y el porqué. Exploremos mas a fondo el conocimiento estructural que nos ayudará a acceder la voz de autoridad y añadir confianza, denuedo y resultados en la voz con la cual se habla en la tierra.

Capítulo 5

La Autoridad que Jesús Accedió en la Tierra

Mientras estaba en la tierra, Jesús operaba con sus derechos basados en la autoridad de cada uno de los pactos que Dios hizo durante sus acuerdos con el hombre, desde el tiempo de Adán en el Éden hasta el tiempo del Rey David. Esto incluye el pacto Edénico y el dominio que Dios le dió al hombre, el pacto de Adan con la promesa de un redentor, y el pacto con Noé, Abraham, Moisés, Palestino, y el pacto con David. Antes de ver brevemente cada uno de estos siete pactos y la autoridad que le otorgaron al hombre en la tierra, y también el Nuevo Pacto, consideremos la definición de pacto.

Dios inició pactos con el propósito de establecer su voluntad en la tierra, para crear relaciones duraderas con el hombre y para mejorar la calidad de vida que el hombre tendría en la tierra. El propósito fundamental de todos los pactos bíblicos mencionados fue originalmente para dirigirnos hacia Jesús.

A lo largo de la historia de la humanidad y en tiempos modernos, hay tres razones principales por las cuales se ha entrado a pactos. Dos de las tres razones son por negocio o por protección. Pero la razón más prominente para un pacto, es amor, como lo es ilustrado en el pacto del matrimonio. Los pactos de amor establecen una sensación duradera de compromiso y una relacion intima para toda la vida. Los pactos de amor son diseñados para infundir la ralidad más fuerte de autoridad entre compañeros de pacto.

La palabra Inglesa "pacto" significa un mutuo entendimiento entre dos o mas individuos o grupos, cada uno comprometiéndose a cumplir obligaciones espesificas; un contrato legal; un acuerdo vinculante; un acuerdo escrito; un acuerdo solemne enlistando cosas especificas para hacer o no hacer; a compartir mutuamente en todos los bienes y deudas y para protegerse y defenderse uno al otro.

La palabra Hebrea para pacto es "berit" y significa un pacto o acuerdo que señala el "pacto de cortar" el que indica que hubo un corte en la carne del cual hubo un fluir de sangre del cuerpo. También significa un compacto o acuerdo que transcurría el pasar pedazos de carne y caminar entre sangre. Cuando se estaba acordando un pacto, un animal era cortado por la mitad y los dos individuos o representantes de los grupos entrando al pacto caminaban entre las piezas del animal en figura de ocho pronunciando las condiciones del pacto, y las bendiciones y las maldiciones del pacto.

En el Nuevo Testamento, hay dos palabras Griegas para pacto: *diatheke* y *suntithemai*, peros solo nos enfocaremos en la primer palabra elistada aquí. *Diatheke* significa una disposición, acuerdo, testamento, o voluntad; una voluntad que ha sido ratificada y aprobada; una declaración de propósito o la declaración de la volundad de una persona;

La Autoridad que Jesús Accedió en la Tierra

un acuerdo que ha sido hecho por un individuo o un grupo que posee poder plenario, el cual el individuo o grupo de recepción puede aceptar o rechazar, pero no pueden alterar los acuerdos presentados de tal manera que haga que los acuerdos originales tomen diferentes significados y condiciones.

Como una disposición, pacto significa "un definitivo, acuerdo o asentamiento ordenado y la transferencia de titulo, autoridad, privilegio o posession al cuidado o propiedad de alguien más." En relación al pacto, la palabra plenario significa "ser completo en cada aspecto; absoluto; no calificado; pleno."

En este contexto, podemos notar que Dios tiene poder plenario. Dios tiene poder que es completo en todo aspecto, absoluto, no cualificado- significa que nadie puede cuestionar sus calificaciones. Él tiene el poder para transferir autoridad y posesiones al cuidado o propiedad de alguien más. En cada pacto, Dios presesntó un definitivo acuerdo ordenado que transfería un titulo, autoridad, privilegio, y posesiones a la administración de un hombre o un grupo. Esto significa que Dios tenía un derecho no calificado e impugnante para darle a un hombre el acceso completo y sin obstáculos a su voluntad en la tierra. Dios estaba haciendo todos sus bienes disponibles para el hombre. Dios se comprometio a proteger y defender a todo hombre que estuviera en un pacto con él.

Como iniciador del pacto, Dios usa poder plenario para presentar los acuerdos que solo pueden ser aceptados o rechazados, pero donde el hombre no puede alterar o cambiar ninguno de los significados o condiciones originales

Pon Tus Palabras a Trabajar

de los acuerdos del pacto presentado por Dios. Pablo destacó la naturaleza inmutable del pacto en escrito en Gálatas, explicando como los hombre cuando hacen pactos entre ellos consideran que en un pacto, una vez que entras, no lo puedes cambiar, alterar, añadirle, o quitarle.

Hermanos, hablo en términos humanos: Un pacto, aunque sea de hombre, una vez ratificado, nadie lo invalida, ni le añade.

Gálatas 3:15 RVR1960

El punto de Pablo es que esto no solo era un acuerdo entre los hombre pero entre Dios y el hombre y entre Dios y Jesús. Dios dió la promesa en el pacto al hombre y a su desendencia, y nada puede invalidar, anular, o cancelar una promesa de pacto que viene de Dios.

Ahora bien, a Abraham fueron hechas las promesas, y a su simiente. No dice: Y a las simientes, como si hablase de muchos, sino como de uno: Y a tu simiente, la cual es Cristo. Esto, pues, digo: El pacto previamente ratificado por Dios para con Cristo, la ley que vino cuatrocientos treinta años después, no lo abroga, para invalidar la promesa. Porque si la herencia es por la ley, ya no es por la promesa; pero Dios la concedió a Abraham mediante la promesa.

Gálatas 3:16-17 RVR1960

Cualquier cosa que Dios promete esta revelando su voluntad. Sus promesas son ciertas y seguras. Conociendo

La Autoridad que Jesús Accedió en la Tierra

su voluntad es una cuestión de saber lo que le dijo al hombre en un pacto. El enemigo puede desafiar nuestra disposición para hablar, actuar, y esperar con autoridad, pero cuando conocemos las garantías, promesas, y certezas del pacto, podemos lanzar nuestra voz sin derechos indiscutibles de autoridad. Veamos algunos puntos destacados de los pactos que impactaron la autoridad de Jesús en la tierra.

El Pacto Edénico

El pacto Edénico fué originalmente dado en virtud de la Creación y estaba destinado a ser extendido a toda la humanidad como derecho de nacimiento a toda la raza humana. Génesis 1:26-28 dice "Entonces dijo Dios: Hagamos al hombre a nuestra imagen y semejanza; y señoree...

Y creó Dios al hombre, a su imagen, a imagen de Dios lo creó; varón y hembra los creó. Y los bendijo Dios y les dijo: Fructificar y multiplicaos; llenad la tierra, y sojuzgadla, y señoread (la tierra)."

Esta fué la orden que Dios le dió a Adán sobre la creación. Este fue el plan original de Dios para el hombre y proveyó diez cosas para beneficio del hombre. Varias de estas cosas incluían el hecho que Dios había formado la tierra para el hombre para que fuese poblada y disfrutada por el hombre, ese hombre fue el punto focal de la creación de Dios, en el que Dios reveló su propósito para el hombre, Dios hizo al hombre a su imagen y semejanza, el hombre fue bendecido

Pon Tus Palabras a Trabajar

por Dios, y dada la orden de ser fructíferos y multiplicados, llenar la tierra, sojuzgadla, y señorear en la tierra.

Su plan original se reanudó por medio de Jesús como el hijo de Adán, que era el hijo de Dios. La autoridad del pacto Edénico fue disponible para Jesús como derecho de nacimiento en la raza humana. Notemos también del lineaje expresado de Jesús que las raíces de su familia siguen a travéz de David, Abraham, y hasta Noé.

Jesús mismo al comenzar su ministerio era como de treinta años, hijo, según secreia, de José.

Lucas 3:23 RVR1960

El paso del tiempo no altera un pacto. Las líneas de sangre de una familia establecen una continuidad en un pacto. Jesús pudo trazar su línea de sangre natural hasta llegar a Adán y ultimadamente a la autoridad del pacto dado a Adán como hijo de Dios.

...Que fué de David...que fué de Jacob, que fué de Isaac, que fué de Abraham...que fué de Noé...que fué de Adán, que fué de Dios.

Lucas 3:31, 34, 36, 38 RVES

El linaje de una persona determina la naturaleza y los privilegios de la persona. El ser nacido de una virgen y Dios siendo su Padre, Jesús heredó la misma imagen al nacer que Adán tenía cuando fue formado por Dios, pero sin el toque de pecado que vino en la caída del hombre. En los evangelios Jesús frecuentemente se refería a él mismo como el hijo del hombre. Ese hijo del hombre también conservava derechos de familia y linaje de filiación regresándose hasta David, José, Jacob, Isaac, Abraham, Noé, Adán, y ultimadamente, Dios.

Así también esta escrito: Fué hecho el primer hombre Adán alma viviente; el postrer Adán, espíritu vivificante.

Corintios 15: 45 RVR1960

El Adán postrero, Jesús, se convirtió en el primer nacido de la muerte y el primero de una nueva creación o seres, espécies esprirtuales nuevos. Cuando aceptamos a Cristo, nos convertimos en nacidos de nuevo y familia de estos seres y especies espirituales. Automaticamente asumimos los derechos de familia completos y el linaje de filiación en la misma manera que Jesús lo tuvo en la tierra, y tenemos los mismos derechos y autoridad que el tiene como el único legalmente sentado en lugares celestiales y a la diestra del Padre. Irémos un poco mas a fodo en este derecho del nuevo pacto y autoridad después, pero basta decir que tenemos mayor autoridad que la que hemos accsesado hasta este tiempo en la historia.

Como hijo de Adán y como hijo de Dios, Jesús usó eficazmente su domino dado por Dios sobre la tierra para ordenarle al viento que obedeciera su voz. La clase de hombre que Jesús fué en la tierra es la clase de hombre que estamos autorizados a ser en la tierra hoy en día. Debemos aprender a utilizar esta autorización. Muchas personas se frustran porque nunca aprenden y crecen en el lugar de autoridad.

Pon Tus Palabras a Trabajar

Intentan un acto de autoridad y parecen fallar y suponen que no es verdad.

Una vez más, necesitamos tener tanto sentido como un científico de laboratorio. Solo porque un experimento o un esfuerzo no produce un resultado perfecto, no nos damos por vencidos sobre la búsqueda de una cura o una respuesta. Sigue insistiendo, buscando diligentemente las proporciones adecuadas o métodos adecuados.

No debemos detenernos a causa de una barrera o aparente fracaso. Debemos ser entrenados en esta clase de hombre que somos. Debemos pracricar y ejercitar la voz de autoridad. Debemos soltar deliberadamente e intencionalmente la voz de autoridad y asumir la naturaleza sobrenatural dentro de nosotros. Y el timpo para hacerlo es ahora.

El Pacto Adánico

Con la caída del hombre por medio del pecado de Adán, había otra autoridad clave que Jesús accedió por medio del pacto Adánico. El pacto Adanico es el pacto que Dios inició con Adán y Eva en el Jardín del Edén después de la caída del hombre y la entrada de pecado en la historia del hombre. Dios declaró sus intenciones divinas y propósitos de traer redención completa al hombre por medio del redentor que habría de venir cientos de años en el futuro. En Génesis 3:15, Dios pronunció juicio sobre la serpiente, Satanás, y prometió redención para el hombre por medio de Jesús, el Salvador del hombre.

La Autoridad que Jesús Accedió en la Tierra

Y pondré enemistad entre ti y la mujer, y entre tu simiente y la simiente suya; essta te herirá en la cabeza, y tú le herirás en el calcanar.

Génesis 3:15 RVR1960

Un rasgo que es muy importante entender acerca de Dios es que es orientado por soluciones. Tan rápido como se rebeló el hombre y cometió un acto de traición contra Dios, el comenzó el proceso de restauración para redimirle al hombre todo lo que había perdido. La misericordia y gracia de Dios son asombrosas. El pacto es una revelación de autoridad hecha disponible, pero también la expresión de misericordia y gracia ilimitada, la coronación real del amor incondicional. El amor prepara respuestas antes del tiempo de necesidad. Ese corazón para preparar esta en el corazón del pacto.

En el caso de un hombre de Dios en el jardín, Dios aparentemente acaba de perder la corona de su creación. Al parecer su plan de tener una familia ha resultado en un miserable fracaso. Paresía que el enemigo de Dios había robado su preciada creación y tomado la autoridad sobre la tierra. ¿Cuál fue la respuesta de Dios? Su respuesta fue la inmediata y completa promulgación de un plan de redención. Así es como Dios piensa, actua, habla, y vive. Asi de la misma manera es como nosotros debemos ser al enfrentar aparentes derrotas.

Por medio de los derechos del pacto Adánico, Jesús aceptó, anduvo, y vivió en la responsabilidad y autoridad de ser el Redentor del hombre. Jesús fue molido por nuestra

Pon Tus Palabras a Trabajar

sanación y redención, y Dios avaló y cumplió la autoridad de Jesus para herir la cabeza de la serpiente, para derrotar y arruinar en reino del enemigo y para hacer que el poder de Satanás sea ineficaz en contra del hombre y la mujer quienes acepten y cooperen con el completo trabajo de Cristo como su redentor.

Sabiendo que fuisteis rescatados de vuestra vana manera de vivir, la cual recibisteis de vuestros padres, no con cosas corruptibles, como oro o plata, sino con la sangre preciosa de Cristo, como de un cordero sin mancha y sin contaminación.

1 Pedro 1:18-19 RVR1960

La evidencia de nuestra redención es la sangre de Jesús. La vida de la carne esta en la sangre, por lo cual un pacto es representado en la vida de los que son parte de ese pacto, un pacto requiere sangre como precio y garantía de pago. La vida es representada y contenida dentro de la sangre. Nosostros somos redimidos por la vida en la sangre de Jesús. Porque un pacto es sellado en sangre, su sangre nos ha dado su vida por medio del pacto.

El Pacto con Noé

Dios hizo un pacto con Noé y sus hijos después del diluvio, incluyendo a toda creatura viviente y todas las futiras generaciones de la humanidad sobre la faz de la tierra. Este pacto prometía favor continuo y protección

La Autoridad que Jesús Accedió en la Tierra

frente a los desastres naturales sobre Noé, su familia, y sus decendencias e invocaba derechos continuos para que el hombre se fructificare y muliplique por toda la tierra.

Y dijo Jehová en su corazón: No volveré más a maldecir la tierra por causa del hombre; porque el intento del corazón del hombre es malo desde su juventud; ni volveré más a destruir todo ser viviente, como he hecho. Mientras la tierra permanezca, no cesaran la sementera y la siega, y el frío y el calor, el verano y el invierno, y el día y la noche.

Génesis 8:21-22 RVR 1960

Notamos que la contínua realidad de la siembra y la cosecha no cesaría mientras la tierra permanesca. La siembra y la cosecha son nombradas junto con los cambios de clima, los cambios de estaciones, y el calendario progresando a través de los cambios del día y la noche.

Por el pacto, Dios prometio que cada semilla debería crecer e incrementarse dentro de un estado cosechable. Esa es la parte de Dios. Cada cosecha debe ser traída. Esa es la parte del hombre. Mucha gente asume que si siembran una semilla, la cosecha es automática. El creer que la cosecha se puede disfrutar automáticamente seria como si un agricultor esperara que una cosecha de elotes marchara hasta llegar a un almacen y que se acomoden en montones ordenadamente una vez que este maduro.

En un pacto entre Dios y el hombre, el hombre tiene la responsabilidad de proteger la semilla y cosechar el

Pon Tus Palabras a Trabajar

cultivo. Dios tiene la responsabilidad de proteger la semilla sembrada y el crecimiento y madures de la cosecha. Esta es una simplificación del proceso, pero cuando hacemos nuestra parte, las bendiciones del pacto pueden ser experimentadas.

Recuerdas, Jesús dijo que el sembrador siembra la Palabra. Entonces cuando la Palabra es sembrada en respecto a los derechos del pacto, nosotros tenemos la autoridad de esperar una cosecha en nuestras palabras. Cuando hablamos palabras en la voz de autoridad, podemos esperar cosechar el contenido de esas palabras en nuestras vidas.

Bendijo Dios a Noé y a sus hijos, y les dijo: Fructificad y multiplicaos, y llenad la tierra. El temor y el miedo de vosotros estarán sobre todo animal de la tierra, y sobre toda ave de los cielos, en todo lo que se mueva sobre la tierra, y en todos los peces del mar; en vuesta mano son entregados. Más vosotros

> *Fructificad y multiplicaos; procread abundantemente en la tierra, y multiplicaos en ella. Y habló Dios a Noé y a sus hijos con el diciendo: He aquí que yo establezco mi pacto con vosotros, y con vuestros decendientes después de vosotros. Estableceré mi pacto con vosotros, y no exterminaré ya más toda carne con aguas de diluvio, ni habra mas diluvio para destruir la tierra.*
>
> *Génesis 9:1-2, 7-9, 11 RVR 1960*

Siempre recuerda, la promesa fué dada que la siembra y la cosecha no cesarían mientras la tierra permanezca. Siempre habrá un medio de provision y prosperidad por

La Autoridad que Jesús Accedió en la Tierra

medio de esta promesa. Se les dió la responsabilidad y cargo de fructificarse y rellenar la tierra. Y Dios prometió que no habría mas diluvios en la tierra que pusieran en peligro ni destruyeran toda la humanidad.

Cada vez que la lluvia, los huracanes, tsunamis, e inundaciones se azotan en la tierra, el enemigo esta tratando de retar y oponerse a la promesa del pacto de Dios que los diluvios nunca volverían a destruir el planeta como lo hizo en los días de Noé. En el barco en Marcos 4, en menor grado esta tormenta era un reto directo al pacto de Dios con Noé y sus decendientes. El enemigo estaba intentando usar una tormenta de viento para crear destrucción a travez de las aguas que inundaban el barco. Jesús usó el principio y autoridad de este pacto para derrotar el reto, y ordenarle a los vientos que pararan y los mares que callaran.

En el pacto con Noé, Dios restauró y reinstaló sus propósitos para la raz humana que había sido amenazada por la malicia del corazón del hombre. El selloó su palara de pacto con la garantía del arcoíris como señal de la fidelidad de su palabra para cada generación.

Y dijo Dios: Esta es la señal del pacto que yo establesco entre mi y vosostros y todo ser viviente que esta con vosotros, por siglos perpetuos: Mi arco he puesto en las nubes, el cual será por señal del pacto entre mi y la tierra. Y sucederá que cuando haga venir nubes sobre la tierra, se dejara ver entonces mi arco en las nubes. Y me acordaré del pacto mío, que hay entre mi y vosotros y todo ser viviente de toda carne; y no habrá mas diluvio

Pon Tus Palabras a Trabajar

de aguas para destruir toda carne. Estará el arco en las nubes, y lo veré, y me acordaré del pacto perpetuo entre Dios y todo ser viviente, con toda carne que hay sobre la tierra. Dijo, pues, Dios a Noé: Esta es la señal del pacto que he establecido entre mí y toda carne que esta sobre la tierra.

Génesis 9:12-17 RVR1960

Esta no era solo una promesa que Jesús tenia disponible, pero una que nosotros hoy en día podemos recordar cada vez que vemos el arcoíris. Y notemos esto, Dios dijo que él mismo personalmente miraría el arcoíris y se acordaría de la naturaleza eterna de su pacto con el hombre. Dios ha prometido a nunca dejar que los diluvios de la vida nos sobrepasen ni nos consuman. Los diluvios de la vida pueden venir, pero Dios levanta un estandarte para rebatir esos diluvios mientras tomamos nuestra parte en la autoridad ejercida en nuestras palabras y hechos. Él ha establecido un sistema por el cual podemos siempre sembrar semilla en todos los niveles y verla crecer en cosecha multiplicada que provee y repone todas nuestras necesidades.

Porque la siembra y la cosecha son una ley basada en un pacto, nosotros tenemos la autoridad y el derecho de hablar palabras que funcionan como semillas para producir semilla según su espécie. Lo que ponemos en nuestras palabras como una manera regular de vida es esencial para comprender el tipo de cosas que cosechamos en la vida a travéz del tiempo.

Dios ha puesto un principio de pacto de calidad eterna en nuestras manos y dentro del alcance de nuestra autoridad.

La Autoridad que Jesús Accedió en la Tierra

Nuestra voz libera esa autoridad. Dios hace cumplir esa autoridad y lleva a efecto cada palabra que hablamos en aacuerdo a cualquier promesa del pacto que el ha presentado. Él también proteje nuestros derecho de hablar en oposición a lo que el prometio. En imprudente hablar en contra de las promesas de Dios, pero la verdad permanece que las palabras de contradicción y oposición también tienen vida en ellas para producirse según su espécie y producir una cosecha en la vida de una persona a travez del tiempo. ¿En que lado de la promesa estas tú?

El Pacto con Abraham

No solamente operó Jesús en la autoridad de la bendición del pacto Edénico, y de los pactos con Adán y Noé, pero también ejerció la autoridad de Abraham. Esta autoridad, al igual que los privilegios y expectaciones de este pacto, fueron explicados a Abraham en Génesis 12, 15, 17, y 22 y después elaborados más a detalle en los pactos posteriores. Veamos estos pasajes en Génesis.

Pero Jehová había dicho a Abram: Vete de tu tierra y de tu parentela, y de la cas de tu padre, a la tierra que te mostraré, Y hare de ti una nación grande, y te bendiciré, y engreandeceré tu nombre, y seras bendición. Bendeciré a los que te bendijeren, y a los que te maldijeren maldeciré; y serán benditas enti todas las familias de la tierra.

Génesis 12:1-3 RVR1960

Pon Tus Palabras a Trabajar

En Génesis 12, Dios se estaba introduciendo con Abram. Dios le estaba haciendo saber que tenia grandes planes para él, que su futuro estaba conectado con Dios y que si aceptaba la propuesta de Dios, la herencia y grandeza de Abram estaría por siempre sellada y tendría una estampa duradera sobre todas las generaciones por venir. Este es el tipo de realidad que Dios popone para todos los que aceptan la invitación a entrar en su familia.

Despues de estas cosas vino la palabra de Jehová a Abram en visión, diciendo: No temas, Abram; yo soy tu escudo, y tu galardón será sobremanera grande.

Génesis 15:1 RVR1960

La ultima parte de Génesis 15 describe el actual "corte del pacto" cual le dio a Abram la autoridad oficial para pararse en la promesa del pacto que Dios hizo en Génesis 12. Durante los años y los eventos de Génesis 12 y 15, Dios prometió en el dialogo del pacto y demostró lo que significaría aceptar plenamente y entrar en los efectos jurídicamente vinculantes del pacto. Dios repetidamente dirigió, protegió, y prosperó a Abram y a su familia. Esto inculcó confianza en Abram acerca del poder, habilidad, disponibilidad, y fidelidad de Dios.

En Génesis 15:1, Dios le da a Abram su palabra y refuerza la seguridad y garantía de que protegerá a Abram y habrá una gran e inconmensurable recompensa por aceptar y vivir en el pacto. En el contexto de la conversación con Dios, Abram le pregunta a Dios acerca de un heredero para

La Autoridad que Jesús Accedió en la Tierra

su prosperidad. En Génesis 13, Dios había prometido darle una gran parcela de tierra a Abram y su decendientes. A este punto en Génesis 15, Abram no tenía decendencia propia y uno aún no nacido de su cuerpo estaba siendo preparado para ser el heredero de todo lo que tenia- lo que incluía la tierra por venir. Dios le promete que tendrá un hijo con su esposa, Sarai, y que su heredero seria su decendiente.

Luego vino a el palara de Jehová, diciendo: No te heredará éste, sino un hijo tuyo será el que heredará. Y lo llevó fuera, y le dijo: Mira ahora los cielos, y cuenta las estrellas, si las puedes contar. Y le dijo: Así será tu descendencia.

Gánesis 15:4-5 RVR1960

Dios le promete a Abram que sus descendientes serian multiplicados como las estrellas en el cielo. Al hacer esto, Dios le dio a Abram otra imagen para construir dentro de su corazón y mente. Esto significaba que cuando viera la arena durante el día y las estrellas durante la noche, Abram sería recordado de la promesa de Dios, y Dios estaría construyendo la imagen dominante de su promesa dentro de Abram.

Para garantizar la legitimidad de las promesas de Génesis 12, que Abram se le daría un heredero, descendientes, tierra, la bendición y el ser usado como portero de la redención de la humanidad por medio del Mesísas, Dios le ofrece a Abram la oportunidad de entrar en el pacto con el, y Abram aceptó. Y ese mismo día como se registra en **Génesis 15** cortaron el pacto que estableció el derecho de Dios para utilizar la

Pon Tus Palabras a Trabajar

familia de Abram para dar a luz al Mesías y para hacer todo lo que Dios le prometió a Abram. Y al mismo tiempo, Dios le dió a Abram el derecho para utilizar el nombre de su familia y la autoridad de su familia en la tierra.

En aquel día hizo Jehová un pacto con Abram, diciendo: A tu descendencia daré esta tierra…

Génesis 15:18 RVR1960

Dios estableció un pacto como el lugar más grande de autoridad. Toda autoridad se origina en Dios y fluye desde los acuerdos del pacto. Dios estableció un pacto con Adán en el Jardín del Edén. Dios estableció un pacto con Noé al salir del arca después del diluvio. Y aquí en Génesis 15, Dios inició y entró en un pacto con Abram para tener autoridad expresada por medio de la familia de Abram para influir en los acontecimientos en la tierra. Este pacto daría una autoridad notavble a la familia de Abram y aquellos que estarían bajo el pacto para alterar el curso de la historia en la tierra. Cada pacto es Dios y el hombre trabajando juntos en autoridad conjunta para hacer cumplir los planes de Dios en la tierra.

Era Abram de edad de noventa y nueve años, cuando le apareció Jehová y le dijo: Yo soy el Dios Tododpoderoso; anda delante de mí y sé perfecto. Y pondré mi pacto entre mí y tí, y te multiplicaré en gran manera. Entonces Abram se postró sobre su rostro, y Dios habló con él, diciendo: He aquí mi pacto es contigo, y seraás padre de muchedumbre de gentes, y no se llamará más

La Autoridad que Jesús Accedió en la Tierra

tu nombre Abram, sino que será tu nombre Abraham, porque te he puesto sobre padre de muchedumbre de gentes. Y te multiplicaré en gran manera, y haré naciones de ti, y reyes saldrán de ti. Y estableceré mi pacto entre mí y tí, y tu decendencia después de ti. Y te daré a ti, y a tu decendencia después de ti, la tierra en que moras, toda la tierra de Canaán en heredad perpetua; y seré el Dios de ellos. Dijo de nuevo Dios a Abraham: En cuanto a ti, guardarás mi pacto, tú y tu desendencia después de ti por sus generaciones.

Génesis 17:1-9 RVR1960

Habían pasado décadas desde que el pacto se había cortado originalmente, y muchos acontecimientos habían ocurrido. Uno de esos acontecimientos era que Abraham había engendrado un hijo con la esclava de su esposa, Agar. Fué realizado a petición de la esposa de Abraham, Sarai, y resultó con el nacimiento de Ismael. Abraham tenía 86 cuando Ismael nació, y 13 años después Dios se apareció aquí en Génesis 17 para hablarle a Abraham de su nuevo pacto.

Abraham no caminó completamente sin culpa delante de Dios en términos del pacto y se había resignado a que Ismael seria su heredero. Probablemente pensó, "Dios prometió que mi heredero vendría de mi cuerpo, e Ismael es de mi cuerpo." A pesar de que Dios prometió bendecir a Ismael y su decendientes, Ismael no era el cumplimiento de la promesa dada a Abraham en el pacto.

En Génesis 17, Dios le recuerda y corrije a Abram. También le cambia el nombre a Abraham, cual tenía

Pon Tus Palabras a Trabajar

elsignificado de, "padre de muchas naciones." Dios no solamente le estaba cambiando el nombre pero estaba cambiando y redirigiendo la autoridad de Abraham en la tierra. Dios estaba usando la voz de autoridad para "llamar las cosas que no eran, como si fuesen."

El aprender a "llamar las cosas que no son como si fuesen" es una acción importante para usar regularmente para aquellos quienes utilicen la voz de autoridad en la tierra.

La voz de autoridad esta apoderada para alterar circunstancias al escuchar palabras de Dios, así sea por las que están escritas en las escrituras o de las habladas a nuestros corazones y están alineadas con lo que esta escrito. Nosotros tomamos y hablamos estas palabras para cambiar la apariencia de las cosas vistas. Lo que tenemos en la vida que no es deseado y se opone a lo que Dios dice puede ser cambiado. Las cosas no deseadas son una realidad temporánea que se ajustaran a la eterna y duradera realidad de la palabra de Dios. Nosostros tomamos y hablamos lo que Dios dice para poder hacer que pasen esas cosas que están deacuerdo con los deceos que tenemos y que se alinean con la voluntad de Dios.

(Como esta escrito: Te he puesto por padre de muchas gentes) delante de Dios, a quien creyó, el cual da vida a los muertos, y llama las cosas que no son, como si lo fuesen.

Romanos 4:17 RVR 1960

La Autoridad que Jesús Accedió en la Tierra

Armados con la voz de autoridad, hablamos de las cosas deceadas que físicamente todavía no exsisten como si ya han aparecido. Esto es exactamente lo que Dios hizo al redefinir la realidad de Abram como si ya hubiese cambiado. Cuando decimos el nombre, Abraham, pensamos en el nombre del hombre, al que contestaba cuando alguien quería llamar su atención. Cuando Dios lo hablaba, y Abraham lo escuchaba, él estaba escuchando, "padre de muchas naciones."

Este era un nuevo privilegio, un nuevo nivel de autoridad, una nueva realidad para el. Era destinado para inculcar una nueva imagen, una imagen para dominar sus pensamientos, reforzar su creencia, fortalecer sus expectativas, influir en la forma que hablaba, y elevar su forma de vida. Cada vez que escuchaba su nombre, él no solamente escuchaba sonidos que lo identificaba para que una persona pudiera hablar con él. Él escuchaba una palabra inspirada revelada por Dios. El escuchaba una promesa y realidad por parte de Dios. El escuchaba el futuro de su familia. El escuchaba un pacto que le autorizaba vivir en la imagen que Dios había estado poniendo en el cada vez que veía la arena y las estrellas, u oía su nombre, Abraham.

Él escuchaba las cosas necesarias para fortalecerlo y pasar la prueba más grande de su vida que vendría a decirle que ofreciera a su único hijo y el niño que Dios le había prometido, Isaac. Cuando Dios le dijo a Abraham que diera a Isaac en el altar, Abraham actuó de inmediato y sin hesitación. ¿Cómo podría hacer esto? La única manera que Abraham pudiera moverse en lo que Dios dijo era entendiendo su autoridad en el pacto con Dios y dependiendo de la fidelidad de Dios, su compañero de pacto.

Desde el momento en que Abraham escucho las instrucciones, tuvo que haber reflejado y meditado en la historia entre el y Dios, y la única conclución que Abraham pudo tener era que Dios conosiaá su negocio y el sostendría su parte del pacto si el hacia su parte. La fe y confianza de Abraham en Dios una vez más fue reconpenzada cuando Dios proveyó un sacrificio como sustituto de Isaac.

Y llamó el angel de Jehová a Abraham por segunda vez desde el cielo, y dijo: Por mí mismo he jurado, dice Jehová, que por cuanto has hecho esto, y no me has rehusado tu hijo, tu único hijo; de cierto te bendeciré, y multiplicare tu decendencia como las estrellas del cielo y como la arena que esta en la orilla del mar; y tu decendencia poseerá las puertas de sus enemigos. En tu simiente serán benditas todas las naciones de la tierra, por cuanto obedeciste a mi voz.

Génesis 22:15-18 RVR1960

Las puertas eran simbólicas de la fuerza y autoridad de una nación. En manera natural, las generaciones de Israelitas quienes estuvieron bajo la autoridad del pacto con Abaraham derrotaron los enemigos de la tierra que Dios les había dado. Generaciónes después, Jesús hizo una declaración encontrada en Mateo 16:18, que "las puertas del Hades no prevalecerán contra la iglesia." Esto no se refería a la iglesia o al pueblo de Dios, aferrándose por salvar su vida mientras el infierno

La Autoridad que Jesús Accedió en la Tierra

bombardea la iglesia. Significa que las fortalezas del enemigo no podrían soportar o resistir los bombardeos de las nuevas creaturas de hombres y mujeres en los cielos o en la tierra.

Cuando pensamos otra vez en la historia que vimos en Marcos 4, Jesús entendió y operó en la autoridad en contra del origen de las tormentas para tomar control de la tierra, y el aire sobre la tierra que había sido dada a Abraham y su decendencia. La tormenta no podía prevalecer en contra de la autoridad que Jesús ejercía. Por eso sigo que las circunstancias no solo le ocurrieron a Jesús, pero Jesús le ocurrió a las circunstancias.

Pero hay otra autoridad muy importante que Jesús habría exraído del encuentro de Abraham con Dios en Génesis 22 que debemos tomar en cuenta. Abraham ofreció a su único hijo Isaac, en el altar. Isaac es llamado su "único hijo" porque el era el único hijo de su pacto de matrimonio con Sara, e Isaac era el único hijo de la promesa por medio del pacto con Dios.

Por fé ofreció Abraham a Isaac cuando fue aprobado, y ofrecía al unigénito el que había recibido las promesas, Habiéndosele sido dicho: En Isaac te será llamada simiente: Pensando que aun de los muertos es Dios poderoso para levantar; de donde también volvió a recibir por figura.

Hebreos 11:17-19 RVES

Aunque no tuvo que pasar por el acto físicamente, Abraham ya había completamente entregado el acto en su

Pon Tus Palabras a Trabajar

corazón en la presencia de Dios. Y Abraham había tomado tan completamente la naturaleza de Dios por medio de su autoridad en el pacto que había recibido a Isaac en una figura-en una imagen como levantado de entre los muertos después de haberlo ofrecido como sacrificio. Éste era Abraham dándole vida a los muertos y llamando las cosas que no son, como si fuesen."

De hecho, la fe de Abraham en el primer incidente grabado de alguien que potencialmete pudo haber resucitado de los muertos en las escrituras. ¿De dónde saco Abraham fe para la resurrección de una persona muerta? De la promesa de Dios que en Isaac sería su simiente llamada. Obtuvo la fé para esto del pacto y la fidelidad de Dios en el pasado, y Abraham libero sus derechos y autoridad porque formalizaba y pensaba que Dios era capaz, Dios estaba dispuesto y Dios tendría que levanrtar a Isaac si es que hiba a cumplir la promesa del pacto.

Ahora entendamos esto: la fe de Abraham para poder ofrecer su hijo único, Isaac, y su autoridad con la expectativa de que Isaac seria levantado de entre los muertos es lo que le permitió a Dios a lanzar la fé y la autoridad en la tierra para su Hijo único, Jesús, para ser levantado de entre los muertos. Las acciónes de un compañero del pacto hicieron vivas las promesas para el otro compañero del pacto. Cuando Abraham "lo recivió (Isaac) por figura," legalmente le autorizó a Dios a recibir a Jesús en figura. La realidad de la imagen comienza en el corazón y una vez que esta arraigado en el corazón, la

La Autoridad que Jesús Accedió en la Tierra

expresión física es garantizada a cuplirse al continuar en la autoridad respaldada por el pacto.

Jesús conocía y entendia este proceso y la autoridad necesaria para poder sesr soltado por medio de su voz para su resurrección. Recuerda, Jesús había recibido el mandamiento que le permitio dar su vida y poder levantarla otra vez. Este mandamiento construyó una imagen dentro de Jesús donde se podía ver a si mismo en "figura" resucitado de entre los muertos. Al recordar la historia de Abraham siendo guiado a ofrecer a Isaac como sacrificio, podemos entender como esta negosiacion entre Dios y Abraham encaja dentro del pacto con Abraham. También podemos ver como el mandamiento de resurrección y la autoridad resultante pudo haber inculcado confianza en Jesús para ser levantado de entre los muertos.

En el siguiente capítulo, veremos el impacto que los pactos con Moisés, Palestino, y David tuvieron en la operación de autoridad de Jesús mientras estaba aquí en la tierra. También miraremos los fundamentos del Nuevo Pacto y tendremos mejor comprención de ello a causa al entender estos pactos previos. Todos ellos estaban conduciendo a la redención del hombre y descubriendo detalles significativos acerca del Nuevo Pacto por wl cual operamos con autoridad en la tierra hoy en día. Cada uno de estos pactos previos revelan algunos de los fundamentos de los cuales nuestra autoridad en el Nuevo Pacto es construida. Cuando entendemos mejor estos fundamentos, la base de nuestra autoridad es más fuerte,

Pon Tus Palabras a Trabajar

y entre mas fuerte sea nuestra base, es aun más grande el alcance y la eficacia de nuestra voz de autoridad.

Capítulo 6

Autoridad Oculta y Revelada

De la misma manera que un habitante inteligente de cualquier país puede estudiar las leyes que preoveen beneficios a los ciudadanos de ese país, Jesús estudio la Palabra, y correspondientemente los pactos, para entender su autoridad y clamar sus beneficios. El vivió y opero como un ciudadano del reino de Dios, y como ciudadano con una amplia comprencion de los pactos.

Unas cosas pueden ser ocultas para el ojo inexperto, pero el que tiene el ojo enjercitado y entrenado verá y experimentará cosas que otros no ven. Porque Jesús tenia "ojos que ven" y "oídos que escuchan" entrenados por el Señor, puso reclamaciones a sus derechos por conocer las leyes de los pactos. El ejerció su autoridad y declaró sus derechos en base a los pactos.

En los pactos de Moisés, Palestino, y Davidico obtenemos entendimiento importante acerca de los puntos de vista de Jesús acerca de derechos específicos que eran suyos en la tierra dada a Abraham y su decendencia. Al aprender como Jesús aprendió, podemos llegar a ser expertos calificados en caminar en la tierra que Dios nos ha dado con resultados visibles basados en lanzar constantemente la voz de autoridad.

Pon Tus Palabras a Trabajar

El Pacto de Moisé

Dios hizo el pacto de Moisés en el Monte Sinaí con Israel después de 430 años que pasaron en Egipto y justo después de la salida de Egipto.

Ahora, pues, si dieres oído a mi voz, y guardareis mi pacto, cosotros sereis mi especial tesoro sobre todos los pueblos; porque mía es toda la tierra

Éxodo 19:5 RVR1960

El pacto de Moisés introdujo los diez mandamientos, el sacerdocio y su estructura, la ley, y los sacrificios de sangre como un ritual sistematico a seguir. Este pacto fue creado para ser un tutor o un maestro para traer a Israel y finalmente al mundo a la fé en Jesucristo como el Salvador de todos.

El pacto de Moisés dió leyes que eran para gobernar a Israel en tres áreas: la ley moral, la ley civil, y la ley ceremonial. La ley moral estaba compuesta por los diez mandamientos y sirvió como la medida y modelo de justicia y moralidad. Jesús cumplió con ellos y calificó para obtener los beneficios prometidos por guardar los mandamientos.

La ley civil estaba compuesta de numerosas, regulaciones específicas que en el fondo deberían ampliar los principios fundamentales de conducta contenidos en la ley moral. Estas leyes eran aplicaciones prácticas de como gobernar y vivir la vida en cada área de la vida diaria.

Una razón por la cual estas leyes están enumeradas en el pacto es que eran muy importantes porque contenían directrices claras que gobernaban cosas como la sanidad e higiene. En los tiempos modernos, estamos acostumbrados a que las cosas dirigidas en el pacto de Moisés sean servicios regulares o protocolos, pero antes de que estas cosas fueran normales para una sociedad civiliada, Dios proveyó la información necesaria para promover la salud nacional. Israel fue apartado de otras naciones porque ellos sabían por las leyes de Dios como encargarse correctamente de cosas como basura, desperdicios, enfermedad, moho y los muertos.

Mientras las otras naciones experimentaban una vida mas corta a causa de la inmoralidad, condiciones antihigiénicas, y el no entender el daño causado por los gérmenes, Dios le dio a Israel leyes prácticas para apoyar las leyes morales, y juntas estas leyes alargaron el plazo de vida de los Israelitas y mejoró la calidad de sus vidas. El problema entro en juego cuando ellos hicieron estas leyes civiles la pieza central de lo que pensaban que era estar cerca de Dios. Hicieron el lavarse las manos, lavar las ollas apropiadamente y el diezmo en hierbas mas importante que las leyes ceremoniales y su profundo significado.

Era la ley ceremonial la que tenía que ser mantenida para satisfacer la vida espiritual de Israel. Las leyes ceremoniales estaban altamente organizadas, altamente detalladas, y altamente definidas que eran para gobernar la vida espiritual de una persona y su bienestar espiritual.

Como realizar sacrificios, conducir festivales y respetar fiestas, como presentar ofrendas aceptables a Dios para expiar

Pon Tus Palabras a Trabajar

los pecados del pueblo y la nación todos estaban encubiertos en la ley ceremonial.

El pacto de Moises reveloo y establecio el santuario del pacto, referido como eltabernaculo en el desierto. Es aquí donde las cino ofrendas- los holocaustos, ofrendas de comida, ofrendas de paz, ofrendas por el pecado, ofrenda de ofensa —debian realizarse por el sacerdocio en el atrio exterior del tabernáculo. El propósito del tabernáculo fue declarado en Éxodo 25:8

> *Y harán un santuario para mí, y habitaré en medio de ellos.*
>
> *Éxodo 25:8 RVR 1960*

Al guardar el pacto y respetar la integridad del santuario, Israel estaría guardando la morada deDios entre el pueblo. Jesús entendia esto y opero en la autoridad contenida en el pacto con Moises a la perfeccion. Al hacer esto, el era la encarnacion de la presencia de Dios a donde quiera que el caminaba.

Recuerdas que Jesús dijo que el no vino a destruir la ley, sino que vino a cumplir la ley. El pacto de Moisés era una revelación de las leyes representativas del orden de Dios. Dios dió el pacto de Moisés para resaltar los estándares divinos de justicia. El propio barómetro del hombre no estaba suficientemente equipado con presición, consistencia, y justamente definir el pecado. Al guardar perfectamente la ley, Jesús perfectamente derroto el pecado.

Autoridad Oculta y Revelada

El pacto de Moisés, o la ley de Moisés, fué dada para revelar la necesidad de un cambio interno en la naturaleza del hombre mediante la imposición de leyes externas. Estas leyes publicaron señales de tráfico para saber como vivir una vida recta pero también para desarrollar un conocimiento que aparte de una naturaleza cambiada, el hombre no podía vivir a la altura del nivel de Dios.

El propósito de Dios no era solo ver si podíamos saltar por encima de la barra de justicia a su satisfacción. Su propósito era no solo poder morar entre los hombres, sino vivir en el interior de los hombres. Sabemos que la ley no nos podía dar vida eterna. Es decir, la ley en si misma no tenía el poder de cambiar la naturaleza pecaminosa. La ley básicamente solo podía frenar la naturaleza y el deseo de pecar, e ilustraba el hecho que todos han pecado y están destituidos de la gloria de Dios. Solo el sacrificio perfecto podía hacerlo posible para cambiar la naturaleza pecaminosa por justicia por medio de un pacto sellado con sangre sin pecado. Eso fue esencialmente lo que Jesús hizo al morir en la cruz y pagar el precio por el pecado.

Todas las ofrendas y sacrificios del pacto con mosaico cada una senalaba al Redentor que vendría. Los sacrificios fueron diseñados en parte para arraigar en la consciencia social de Israel la necesidad de un salvador.

Los sacrificios eran rituales diarios y generales para que cuando Jesús llegara ellos lo reconocieran como el Cordero de Dios que quita el pecado del mundo. Desafortunadamente,

Pon Tus Palabras a Trabajar

Israel nacional, en su mayor parte, perdió este punto del pacto de Moisés.

El pacto de Moisés fué dado para demonstrar la diferencia entre la gracia y la ley. Fué puesta en marcha para revelar a la humanidad en su conjunto que la justificación, o el estar bien con Dios no viene por la observación de un conjunto de reglas y leyes, sino que se obtiene por gracia atravez de la fe como el regalo de Dios. Esta revelación de gracia vendría por medio del redentor y salvador, Jesucristo. Y la revelación que la gracia es mayor que la ley se debe recibida y participada por todos los que aceptan la obra terminada de Jesús.

Porque de su plenitud tomamos todos, y gracia sobre gracia. Pues la ley por medio de Moisés fue dada, pero la gracia y la verdad vinieron por medio de Jesucristo.

Juan 1:16-17 RVR 1960

La autoridad del pacto de Moisés se encuentra en el cumplimiento de la ley. Jesús cumplió perfectamente la ley como el único ser humano que ha pasado perfectamente la prueba de la ley. Jesús completo cada "trabajo y cada titulo" de la ley con una puntuación de aprobación perfecta. Esto externamente autorizó a Jesús como el puro e inmaculado Cordero de Dios. Jesús nació con la naturaleza interna de Dios, y su perfecta realización de la ley validó sus pretenciones de pagar el precio del pecado por toda la humanidad.

Es algo así: en los deportes, puedes tener dos equipos que están programados para jugar, pero uno de los equipos estaa invicto en su registro después de haber jugado contra los

Autoridad Oculta y Revelada

mejores equipos de su liga. El otro equipo no tiene victorias después de haber jugado contra todos los peores equipos de su liga. En papel, no hay duda de quien debería ganar el juego entre el mejor equipo y el peor equipo. Pero todavia tienen que jugar el juego. No solo premian la victoria basándose en los registros anteriores.

Como Dios, Jesús tenía todos los registros de ser el campeón invicto. Cuando se convertio en hombre- y todavía era perfectamente Dios- El tenía que "jugar el juego" y vivir su vida cumpliendo la ley como prueba de su superioridad sobre la ley. Y lol hizo después de haber tomado la naturaleza del hombre. Jesús tomó el previo registro sin victorias contra la naturaleza pecaminosa del hombre y lo transformó para convertirse en el campeón invicto para el hombre.

Al que no conoció pecado, por nosotros lo hizo pecado, para que nosotros fuésemos hechos justicia de Dios con él.

2 Corintios 5:21 RVR 1960

Otra manera de pensar en esto es que Jesús tomó nuestro grado reprobación a cambio de su calificación de aprobación para poder pagar el precio de nuestro fracaso en el pecado. Jesús no conoció pecado, ni derrota ni fracazo, y tomo nuestra naturaleza de pecado y se hizo pecado por nosotros. El cambió nuestra naturaleza de pecado por su naturaleza de justicia para wue pudiéramos experimentar la libertad de redención y ser renacidos con la naturaleza de Dios.

Pon Tus Palabras a Trabajar

Al "tomando forma de siervo, hecho semejante a los hombres; y estando en la condición de hombre," Filipenses 2:7-8 dice, Jesús se hizo participe de la carne y la sangre.

Así que, por cuanto los hijos participaron de carne y sangre, el también participó de lo mismo, para destruir por medio de la muerte al que tenia el imperio de la muerte, eso es, al diablo, y librar a todos los que por temor de la muerte estaban durante toda la vida sujetos a servidumbre.

Hebreos 2:14-15 RVR 1960

Lo que esto significa es que Jesús fue calificado y autorizado para pagar el precio del pecado SÍ el cumplia la ley de una naturaleza libre de pecado. Entonces todo lo que tenía que hacer era pagar el precio- el salario- del pecado. Romanos 6:23 dice, "Porque la paga del pecado es muerte, mas la dadiva de Dios es vida eterna en Cristo Jesús Señor nuestro."

No trato de hacer sonar este pago insignificante, porque era un doloroso pago de pagar. Pero pagarlo lo hizo y ahora cualquier hombre, mujer o niño quien crea y acepte esta obra que Jesús ya ha realizado a su perfección y finalización puede tener vida eterna como el regalo de Dios. También significa que el que cree y acepta esta ora puede operar en la autoridad completa que Jesús adquirió en y a travez del pacto de Moisés.

Autoridad Oculta y Revelada

El Pacto Palestino

Dios hizo el pacto Palestino con la segunda generación de Israelitas quienes habían dejado Egipto pero habían estado viviendo en el desierto por 40 años. Este pacto fue establesido mientras ellos estaban el la tierra de Moab justo antes de entrar hacia la tierra prometida del pacto Abramico.

Estas son las palabras del pacto que Jehová mando a Moisés que celebrase con los hijos de Israel en la tierra de Moab, además del pacto que concertó con ellos en Horeb.

Deuteronomio 29:1 RVR1960

Notemos las palabras, "además del pacto que concertó con ellos en Horeb." El pacto referido en Horeb fue dado por medio de Moisés en el Monte Sinai 40 años antes.

El pacto Palestino es detallado en Deuteronomio del 27 al 29, en el cual Dios le dio a Moisés un pacto espesifico para el pueblo que estaba a punto de entrar y tomar la tierra de Canaán. En Deuteronomio 29:5, Moisés dice, "Y yo os he traído cuarenta anios en el desierto," ilustrando que el pacto palestino se presentó justo antes de la muerte de Moisés estuviera vinculada pero separada del pacto de Moisés.

El pacto de Moisés fué hecho en el Monte Sinaí en Horeb. El pacto palestino fué Hecho en la tierra de Moab. El pacto de Moisés estaba orientado hacia la conducta del pueblo con Dios- se les dijo que amarán a Dios con todo su corazón, mete y fuerza- y hacia la conducta del pueblo en

Pon Tus Palabras a Trabajar

relacion uno con el otro. El pacto palestino se enfocaba mas en las leyes que rigen su derecho a permanecer en la tierra.

Especialmente en Deuteronomio 27 y 28, el pacto palestino detallo la bendición para la obediencia y la maldición para la desobediencia al pacto de Moisés. La obediencia les haría florecer y prosperar, para estar en salud y ser libres de la dominación de sus enemigos. La desobediencia traeria el fracaso y la angustia, eventualmente llevaría al cautiverio, la esclavitud, y la expulción de la tierra.

Guardaréis, pues, las palabras de este pacto, y las pondréis por obra, para que prosperéis en todo lo que hiciereis. Vosotros todos estáis en presencia de Jehová vuestro Dios; los cabezas de vuestras tribus, vuestros ancianos y vuestros oficiales, todos los varones de Israel; vuestros niños, vuestras mujeres, y vuestros extranjeros que habitan en medio de tu campamento, desde el que corta tu leña hasta el que saca tu agua; para que entres en el pacto de Jehová tu Dios, y en su juramento, que Jehová tu Dios concierta hoy contigo, para confirmarte hoy como su pueblo, y para que él te sea a ti por Dios, de la manera que el te ha dicho, y como lo juró a tus padres Abraham, Isaac y Jacob. Y no solamente con vosotros hago yo este pacto y este juramento, sino con los que están aquí presentes hoy con nosotros delante de Jehová nuestro Dios, y con los que no están aquí hoy con nosotros... No sea que haya

Autoridad Oculta y Revelada

entre vosotros varon o mujer, o familia o tribu, cuyo corazón se aparte hoy de Jehová nuestro Dios...

Deuteronomio 29:9-15, 18 RVR 1960

Porque el perfectamente guardó la ley y observó hacer todo lo que estaba escrito en el libro de la ley, incluyendo las bendiciones de Deuteronomio 27-29, Jesús caminó en salud y prosperó en todo lo que hizo. Porque el estuvo bajo la autoridad de este pacto, el estuvo bajo el cuidado de este pacto. También significaba que el podía impartir esta salud, bienestar, protección, y condiciones prosperas prometidas en este pacto.

Jesús podía caminar sobre la tierra de Israel con confianza en que estaba siguiendo por completo las condiciones requeridas de el para vivir seguro en la tierra libre de dominación de sus enemigos, incluyendo el espíritu motivando y la actitud detrás de cualquier enemigo natural. Esto energizó sus movimientos y ayudo a potenciar cada conflicto que jeuss tuvo con el diáblo y los espíritus demoniacos. Jesús tenia el derecho de ocupar el territorio en la tierra, y el tenia la autoridad de expulsar la enfermedad y dolencias, y la autoridad de sacar fuera demonios y espíritus malignos que se atrevieran a cruzar su camino en la tierra.

Jesús caminó en la autoridad terrenal que cada uno de los pactos prometio. Por medio del pacto dadivico, Jesús caminaría en los derechos del reino real como un rey en la tierra.

Pon Tus Palabras a Trabajar

El Pacto Davidico

Dios hizo el pacto davídico con David después de la muerte de Jonatán y el rey Saul, y después de ser entronado oficialmente el rey David en Jerusalen. Este pacto sirvió como una avenida directa hacia un trono eterno y un reino eterno para Jesús como el Rey de Reyes. El pacto davídico en una continuación, un reforzamiento, una elaboración del pacto con Abraham. La promesa principal del pacto davídico essta centrado en el realeza de David y sus hijos, el mayor de los cuales es el Señor Jesucristo.

Una herencia real le había sido prometida en el pacto de Abraham a Abraham y Sara, y después a Jacob y su hijo, Judá.

Y te multiplicaré en gran manera, y haré naciones de ti, y reyes saldrán de ti. Y estableceré mi pacto entre mí y ti, y tu desendencia después de ti en tus generaciones, por pacto perpetuo, para ser tu Dios, y el de tu desendencia después de ti.

Génesis 17:6-7 RVR 1960

Notemos aquí en Génesis que Dios estableció el precedente legal para todos los desendientes de Abraham para ser participantes de las promesas del pactro de Abraham. El reinado de David como rey estaba cumpliendo lo que Dios le había dicho a Abbraham. Esta promesa del pacto de que los reyes vendrían por medio de la familia de Abraham también fue declarada para David y su familia. Esta promesa

Autoridad Oculta y Revelada

del pacto también hablo directamente de y para Jesús como Rey y de su reino eterno.

Y cuando tus días sean cumplidos para irte con tus padres, levantare decendencia después de ti, a uno de entre tus hijos, y afirmaré su reino. El me edificará casa, y yo confirmaré su trono eternamente. Yo le seré por padre, y el me será por hijo; y no quitare de el mi misericordia, como la quite de aquel que fue antes de ti; sino que lo confirmaré en mi casa y en mi reino eternamente, y su trono será firme para siempre.

1 Cronicas 17:11-14 RVR 1960

Con este pacto, había una promesa imediata que uno de los hijos de David se sentaría en el trono. Esto era importante porque en aquel tiempo, las naciones alrededor de Israel a menudo tenían un plan de transición diferente al cambiar de rey a rey. Frecuentemente cuando un rey murió o era asesinado, el trono so siempre se le daba al hijo del rey. Muchas veces, habría un levantamiento y lucha de poder con una familia nueva al entrar en poder, especialmente en los casos en el que el rey fuera asesinado por sus enemigos. Cuando esto pasaba, el régimen nuevo buscaría y mataria a todos los hijos y familiares del rey anterior.

Dios le estaba prometiendo a David que siempre estaría uno de sus hijos asumiendo el trono. Este pacto estaba proveyendo seguridad para los decendientes de David. También estaba hablando del reino eterno donde una semilla

Pon Tus Palabras a Trabajar

de David reinaría como rey para siempre. Es aquí dnde y coomo la autoridad del pacto davídico se extendió hasta Jesús.

Jesús entendió que su autoridad incluia el reinado como el rey sobre un reino eterno, pero también entendia la manera en que este reino sería establesido. Los discípulos en el tiepo de Jesús pensaron que iba a comenzar en la tierra mientras Jesús estaba aquí en la tierra de Israel. Estaba haciendo señas milagrosas en la sanación de los enfermos y acababa de multiplicar cinco panes y dos pequeños peces para alimentar a más de cinco mil personas, y el pueblo se estaba movilizando para coronar a Jesús como rey.

Pero entendiendo Jesús que iban a venir para apoderarse de él y hacerle rey, volvió a retirarse al monte él solo.

Juan 6:15 RVR 1960

No mucho después de la resurrección de Jesús, sus seguidores esperaban que Jesús asumiera el papel de Rey y los liberara de la ocupación y opresión Romana. Puedes imaginarte su deseo de que así fuera. Ellos habían estado bajo el gobierno de Roma y sentido el aguijón de estar sujetos a la dominación romana durante muchos años sin ninguna seña del fin a la vista. Ellos estaban recordando las obras que Jesús realizó antes de morir, y ahora estaban en un sentido de admiración y esperanza después de su resurrección.

Una de las cosas más valiosas que debemos aprender de la vida de Jesús es la moderación con la que operaba en la vida. Solo piensa en todas las cosas que pudo haber hecho

Autoridad Oculta y Revelada

con su autoridad, sus palabras y su poder, sin embargo fue muy estratégico y oportuno en la operación de su autoridad. Cuando fue desafiado por sus propios hermanos a mostrarse abiertamente en la Fiesta de los Tabernaculos como el Mesías, Jesús les dijo, "Mi tiempo aun no ha llegado… Subid vosotros a la fiesta; yo no subo todavía a esa fiesta, porque mi tiempo aun no se ha cumplido."

No mucho después de esta discusión con sus hermanos, fue en secreto y discretamente a la fiesta, pero Jesús no iba a ser manipulado, incitado o halagado a ejercer su autoridad real fuera de su tiempo. Ni siquiera la amenaza de muerte podía forzar a Jesús a adelantarse a su tiempo correcto para gobernar y reinar en la tierra como su rey. En el camino hacia la cruz, bajo interrogación delante de Poncio Pilato, le pregunto directamente Pilato, "¿Eres tú el Rey de los judíos?"

Respondió Jesús: Mi reino no es de este mundo, si mi reino fuera de este mundo, mis servidores pelearían para que yo no fuera entregado a los judíos; pero mi reino no es de aquí. Le dijo entonces Pilato: ¿Luego, eres tu rey? Respondió Jesús: Tú dices que yo soy rey. Yo para esto he nacido, y para esto he venido al mundo, para dar testimonio a la verdad. Todo aquel que es de la verdad, oye mi voz."

Juan 18:36-37 RVR 1960

Las afirmaciones de Jesús que el era un rey, que tenia un reino, que era el representante principal de la verdad y que hablo con autoridad para expresar la verdad estaban

Pon Tus Palabras a Trabajar

basadas en todos los pactos que conducen al Nuevo Pacto, pero especialmente los pactos de Abraham y David. Jesús caminaba en la autoridad de Abraham y David cuando confirmó su lugar como rey.

Su lugar como rey por medio del pacto con Abraham y David incluia dominio sobre sus enemigos. Mientras en juicio, siendo flageado y crucificado, parecía que Jesús estaba siendo dominado por sus enemigos, pero la realidad era que Jesús estaba cumpliendo todos los propósitos que su autoridad le hizo posible a través del pacto.

Para pagar el precio por el pecado del hombre, Jesús tuvo que tener el derecho de nacimiento de ser humano y terner la bendición y el dominio dado por el pacto edénico. Para redimir al hombre, el tuvo que operar en la

autoridad del pacto de Abraham que solo el redentor podía usar. Para restaurar plenamente el propósito del hombre, el tenia que aceptar la autoridad del pacto de Noé. Para ser aprobado jurídicamente para ser el Mesías, el tuvo que venir a travez de esta semilla y autoridad del pacto de Abraham

Para calificar sus demandas, para cumplir el precio de pago por el pecado, tuvo que cumplir perfectamente la ley y la autoridad del pacto con Moisés. Para permanecer legalmente en la tierra de su linaje en el dominio sobre sus enemigos, tuvo que caminar en la autoridad del pacto palestino. Y ahora, para permanecer como el rey eterno en un trono eterno, y como un gobernante sobre su reino eterno, Jesús tuvo que asumir la autoridad del pacto de David.

Autoridad Oculta y Revelada

Incluido en el pacto de David estaba el dominio sobre los enemigos.

Y he estado contigo en todo cuanto has andado, y he cortado a todos tus enemigos de delante de ti, y te hare gran nombre, como el nombre de los grandes en la tierra...Mas humillaré a todos tus enemigos.

1 Crónicas 17: 8, 10 RVR 1960

Notemos en el Salmo 18 como David recuerda su dominio sobre sus enemigos.

Perseguí a mis enemigos, y los alcancé, Y no volví hasta acabarlos. Los herí de modo que no se levantasen; cayeron debajo de mis pies. Pues me ceñiste de fuerzas para la pelea; has humillado a mis enemigos debajo de mí. El Dios que venga mis agravios, y somete pueblos debajo de mí; El que me libra de mis enemigos, y aún me eleva sobre los que se levantan contra mí; Me libraste de varón violento.

Salmos 18: 37-39, 47-48 RVR 1960

David da crédito a Dios por haberlo cenido con fuerza, por haber sometido a los que se levantaron contra el, liberándolo de sus enemigos y del hombre violento. Pero notemos que a la misma vez dice que él (David) persiguioo a sus enemigos y los alcanzó, los acabó, los hirió y los puso bajo sus pies. ¿Cuál era? Los dos. Cuando David asumió su lugar de autoridad, la autoridad de Dios podía fluir por

Pon Tus Palabras a Trabajar

medio de el en la tierra. Así es como funciona para cada uno de nosotros también.

Las personas muchas veces piensan que si algo va a pasar, Dios lo va hacer todo y ellos no tienen ningún papel ni responsabilidad. Eso no es lo que pensaba David. Él sabia que si no fuera por la ayuda y proteccion de Dios, hubiera sido totalmente derrotado. Pero él también sabía que la autoridad y el poder de Dios tenía que tener un recipiente dispuesto por del cual fluir hacia la tierra.

¿De dónde viene este lugar de autoridad que comienza las expresiónes de David? Veamos el principio de Salmos 18 y escuchemos el corazón de un hombre quien conocía, adoraba ydaba reverencia a Dios como la fuente de su autoridad y victoria en la vida.

Te amo, oh Jehová, fortaleza mía. Jehová, roca mia y castillo mío, mi libertador; Dios mío, fortaleza máa, en el confiaré; Mi escudo, y la fuerza de mi salvación, mi alto refugio. Invocaré a Jehová, quien es digno de ser alabado, y seré salvo de mis enemigos.

Salmos 18: 1-3 RVR 1960

David conocía su lugar debajo de Dios. Y se enaltecía en el al reconocer, honrrar, y alabar a Dios. Esto es tan importante para el que hablare en la voz de acutoridad con impacto.La voz con la que hablamos se hace con reverencia y alabanza hacia Dios. Se hace mientras que observamos constantemente como Dios es quien nos da la fuerza, y es

Autoridad Oculta y Revelada

Dios quien es la base firme y la roca de estabilidad sobre la cual permanecemos.

Es Dios quien es nuestra fortaleza impenetrable de protección y es Dios quien nos libra de las situaciones más precarias. Dios es la persona y el objeto de nuestra confianza, nuestro escudo de defensa. Es Dios quien es la fuerza de nuestra salvación. Esta palabra fuera lleva consigo el significado de autoridad, entonces significa que Dios es la autoridad de nuestra salvación, nuestra liberación, protección, preservación, sanación, y plenitud. Y es Dios quien es nuestra fortaleza. Así como continuamente honramos y damos reverencia a Dios, si lo mantenemos en primer lugar y como autoridad final en nuestras vidas, el nos mantiene cerca de el y nos mantiene dentro de la seguridad de su fuerza.

Es desde este lugar que invocamos al Señor en la voz de autoridad y le alabamos. Lo alabamos por quien es, por quien nos ha hecho, por lo que puede hacer a travez de nosotros y por lo que podemos hacer a travez de su fuerza.

Jesús conocía este Salmo y la voz de autoridad revelada en el. Jesús vivió su vida en medio de las creencias expresadas en estos versículos. Como lo hizo con los otros pactos, Jesús vivió de la autoridad del pacto de David. Y como David lo hizo, Jesús puso en práctica el estilo de vida de la alabanza por razones específicas. La alabanza expresada en la voz de autoridad es una autoridad expresada con reverencia y respeto para el dador y la fuente de la autoridad. Cuando hablamos como Dios, de un corazón en harmonia con Dios

Pon Tus Palabras a Trabajar

y con una naturaleza que esta reflejando a Dios, nuestros enemigos callan.

Cuando hablamos con la voz de autoridad, estamos hablando dominio sobre las obras de las manos de Dios, y poniendo a los suyos y a nuestros enemigos bajo pie.

De la boca de los niños y de los que maman, fundaste la fortaleza, a causa de tus enemigos, para hacer callar al enemigo y al vengativo. Le hiciste señorear sobre las obras de tus manos; todo lo pusiste debajo de sus pies...

Salmos 8: 2, 6 RVR 1960

La voz de autoridad dirige e impone su voluntad contra la fuente de los problemas enfrentados. Regresando a la historia de Marcos 4, Jesús hablo a la fuente de la tormenta: el enemigo y el viento. El temor y las olas eran los síntomas. El hundimiento del barco y la muerte de Jesús y de los discípulos era el objetivo del enemigo.

Recuerdas, Jesús "reprendió" el viento y luego habló con el mar. De las raíces de esta palabra "reprención," también significa "dirigir, sobreponer valores, reverencia y honor." Jesús dirigió y sobrepuso su reverencia, valor, y honor de la palabra de Dios sobre las circunstancias y sobre su alma. En otras palabras, la reprencion adquiere el significado de ejercer la autoridad sobre las fuerzas opuestas. Jesús se vistió con la autoridad que le fué delegada dentro de todos los pactos cuando reprendio el viento y el mar, y la conección y el enemigo.

Autoridad Oculta y Revelada

¿Recuerdas el significado dentro de la palabra "azotar" en Marcos 4:37? "Azotar" como es usado aquí se refiere a una persona o una personalidad. La personalidad que opera detrás de todas las dificultades y la oposición central y conocimiento de Dios es Stanás. Cada vez que sientes oposición azotando contra la voluntad de Dios, viene de la exclusiva oposición que el enemigo tiene hacia todas las cosas de Dios.

Esto también refuerza dos puntos importantes acerca de usar la voz de autoridad. Primero, Dios no es nuestro problema. Dios no es nunca nuestro problema. Dios es nuestra respuesta y la fuente de todas nuestras soluciones. Siempre quédate del lado de Dios. El estar en el lado correcto de Dios es mucho más importante que estar en el lado correcto de las personas o de la historia.

Segundo, las personas no son nuestro problema. Las personas pueden ser canales por los cuales un problema puede ser presentado, pero la fuente del problema es lo que esta detrás del comportamiento de las personas. Esta es la razón por la que debemos resistir únicamente discutir contra la gente, o pelear con la gente como si no hubiera fuerzas fundamentales trabajando, o juzgar a la gente como si nosotros mismos nunca hubiéramos fallado en hacer lo correcto. Pablo lo dejó claro cuando escribió a los efesios sobre donde enfocar la liberación de su autoridad.

Porque no tenemos lucha contra sangre y carne, sino contra principados, contra potestades, contra

Pon Tus Palabras a Trabajar

los gobernadores de las tinieblas de este siglo, contra huestes espirituales de maldad en las regiones celestes.

Efesios 6: 12 RVR 1960

Nosotros si tenemos un enemigo en la tierra. Hay oposición al vivir para Dios. Los problemas surgen, pero cuando surgen, libera la voz de autoridad contra las circunstancias, las condiciones, el enemigo, y todas sus maniobras y operaciones en la tierra, pero nunca directamente como un arma en contra de la gente como el problema. No estoy diciendo que no podemos hablar con autoridad para ser un líder eficaz de las personas, para comunicar instrucciones a un grupo de personas o incluso para traer corrección a la gente según sea necesario. Si tenemos que hacerlo, hablamos la verdad con firmeza, pero hablamos la verdad con amor.

Estoy diciendo que nunca usemos nuestra autoridad para degradar o disminuir el valor de una persona. No hablamos con la vo de autoridad para intimidar o manipular a la gente ni usamos la voz de autoridad para atraer atención inapropiada a nuestra autoridad y dominio espiritual en la tierra.

Jesús usó la voz de autoridad para sobreponer los valores de Dios en contra de los deseos personales del enemigo. Esto le permitió a su autoridad cambiar sis circunstancias en lugar de que sus circusntancias cambiaran su alma y minimizara la expresión de su autoridad. En medio de una gran tormenta, Jesús mantuvo su dominio sobre su propio espíritu y mantuvo su boca y su lengua en línea con su voluntad para liberar la autoridad que funcionaba bien para él.

> *Mejor es el que tarda en airarse que el fuerte; Y el que se enseñorea de su espíritu, que el que toma una ciudad.*
>
> **Proverbios 16:32 RVR 1960**

> *El que guarda su boca y su lengua, su alma guarda de angustias.*
>
> **Proverbios 21:23 RVR 1960**

La palabra "señorear" en Proverbios 16:32 significa "tener poder, tener dominio, ser el gobernante de." Los problemas fueron evitados o superados en la vida de Jesús porque el se mantuvo bajo la autoridad de los pactos y hablo desde su autoridad como gobernador y uno con poder y dominio sobre su propio espíritu.

Jesús vino a cumplir todos los requisitod de los pactos antiguos, pero fue hecho a la luz de un nuevo y mejor modo de mivir, un nuevo y mejor pacto que vendría. Lo que Jesús hizo al someterse a la autoridad de los pactos anteriores fue vital para establecer la validez y los beneficios del nuevo pacto. Veamos unos de los puntos principales de este nuevo pacto y como se relaciona a tu uso de la voz de autoridad.

El Nuevo Pacto

El nuevo pacto es llamado no solo nuevo pero mejor que el antiguo. Cuando decimos que algo es mejor, podemos

Pon Tus Palabras a Trabajar

asumir que el nuevo incluye las mismas características y calidad de lo que era antiguo y ha realizado actualizaciones que hicieron lo que es nuevo mejor que lo viejo. Cada año, las compañías automotrices lanzan nuevos modelos que típicamente introducen algunas cosas nuevas, componentes de mayor calidad, mejores funciones de motor, mas artículos de lujo que esperamos presenten un mejor valor para el dinero que se gasta. No se dice que un producto nuevo es mejor que el viejo si el nuevo tiene menos y peores caracterisitcas, menos funsionalidad, calidad reducida y el valor disminuye a comparación con el producto viejo.

Dios hizo el nuevo pacto a travez de nuestro compañero, amigo, y hermano, el Señor Jesucristo. "Jesús es el Señor" esta declarando y comunicando claramente su lugar como la cabeza suprema sobre la entidad espiritual corporativa conocida como el reino de Dios. Él atambien es el que entro en el pacto con Dios a nombre del hombre. El Nuevo Pacto es la culminación de todos los pactos y es el punto de entrada hacia el Pacto Eterno.

El problema principal con todos los pactos anteriores era que el corazón y la naturaleza del hombre aún no habían sido cambiados y justificados con Dios. Con la introducción del Nuevo Pacto, todo esto cambio. Exploremos lo que algunos profetas del Antiguo Testamento tenían que decir acerca del pacto que vendría.

He aquí que vienen días, dice Jehová, en los cuales haree nuevo pacto con la casa de Israel y con la casa de Judá. No como el pacto que hice con sus padres el día que tomé su mano para sacarlos de la tierra de Egipto; porque ellos invalidaron mi pacto, aunque fui yo un marido para ellos, dice Jehová. Pero este es el pacto que haree con la casa de Israel después de aquellos días, dice Jehová: Dare mi ley en su mente, y la escribiré en su corazón; y yo sere a ellos por Dios, y ellos me serán por pueblo. Y no enseñara más ninguno a su prójimo, ni ninguno a su hermano, diciendo: Conoce a Jehová; porque todos me conocerán, desde el mas pequeño de ellos hasta el mas grande, dice Jehová; porque perdonaré la maldad de ellos, y no me acordaré más de su pecado.

Jeremías 31: 31-34 RVR 1960

Jeremias recivió revelación de un nuevo pacto mientras que Israel soportaba tiempos de angustia nacional. Veremos esto con más detalle al hablar de Hebreos 8, pero aquí en la escritura de Jeremías vemos cuatro elementos presentados que estarían presentes y disponibles en el nuevo pacto.

Os daré corazón nuevo, y pondré espíritu nuevo dentro de vosotros; y quitaré de vuestra carne en corazón de piedra, y os daré un corazón de carne. Y pondré dentro de vosotros mi Espíritu, y haré que andéis en mis estatutos, y guardaréis mis preceptos, y los pongáis por obra.

Ezequiel 36: 26-27 RVR 1960

Pon Tus Palabras a Trabajar

Ezequiel destaca una de las mayores verdades y beneficios del nuevo pacto. Al que entre en el nuevo pacto se le dará un corazón nuevo y un espíritu nuevo. El nucleo y la naturaleza de los nuevos creyentes del pacto estarían equipados con la esencia y naturaleza de Dios respaldada con plena autoridad para vivir desde la base y raíz de la vida de Dios.

Y adicionalmente, Dios dijo que el pondría su Espiritu dentro del los nuevos creyentes del pacto. Se nos da el equipo, los recursos, el el entrenador dentro de nosotros. Seria como alguien que esta recibiendo recursos excesivos e ilimitados, un producto que cambia la vida y lo necesitas constantemente, un equipo de vanguardia para hacer que el producto sea el mejor, la mano de obra calificada altamente para servir a ese producto, los mas altos ejecutivos y liderazgo de gerentes y vendedores, y entonces se le dice a esa persona que construya una empresa en un país acogedor y favorable. Imagina tener todos los componentes para el máximo rendimiento y el éxito excepcional a tu alcance. Esto es lo que el nuevo pacto proporciona.

También quiero que usted note una frase clave que rodea la promesa de Dios de un corazón nuevo y un espíritu nuevo. Dios dijo, "Os daré." Su voluntad siempre es la representación de un resultado esperado que esta garantizado y respaldado por su autoridad. Dios autoríza a cada creyente del nuevo pacto para experimentar un nuevo corazón y un nuevo espíritu a la totalidad de la experiencia.

La relacion del nuevo pacto establecido por Dios es simple de entender a nuestro valor nominal, pero muy

Autoridad Oculta y Revelada

sofisticado y sustancial en cuanto a todos sus componentes y lo que esta disponible para nosotros como creyentes del nuevo pacto.

Y haré con ellos pacto de paz, pacto perpetuo será con ellos; y los estableceré y los multiplicaré, y pondré mi santuario entre ellos para siempre. Estará en medio de ellos mi tabernáculo, y seré a ellos por Dios, y ellos me serán por pueblo.

Ezequiel 37:26-27 RVR 1960

Ezequiel también escribió acerca de un pacto de paz- no solamente la ausencia de caos, pero la presencia de integridad, seguridad y bienestar. Una cosa es saber que alguien te apoya, pero otra cosa es que ese apoyo sea fiel, vigoroso y crecientemente demostardo. Dios no solo estaba diciendo que el miraría cuidadosamente hacia abajo y nos decearia el bien. El estaba diciendo que viviría en y entre nosotros. Para siempre. Esto es seguridad. Esto es pacto.

Yo Jehová te he llamado en justicia, y te sostendré por la mano; te guardaré y te pondré por pacto al pueblo, por luz de las naciones, para que abras los ojos de los ciegos, para que saques de la cárcel a los presos, y de casas de prisión

Isaías 42: 6-7 RVR 1960

Isaías escribió sobre una de las más grandes verdades en respeto al nuevo pacto. Jesús es el compañero de pacto del hombre a favor del hombre con Dios, y a la misma vez,

Pon Tus Palabras a Trabajar

el es el compañero de pacto de Dios a favor de Dios con el hombre. El es la Palabra hecha carne. Los pactos de palabra son ratificados en sangre. La sangre de Jesús da vida a la carne, pero también da vida al pacto. Jesús fue dado en carne, en sangre, y en Palabra como pacto para el pueblo. Este nuevo pacto también se convirtió en una luz para el mundo fuera de Israel- el mundo de los gentiles. La luz abre los ojos para ver, muestra la salida del encarcelamiento y da un camino para salir de ser oprimido y abatido por generaciones y de ser esclavizado a una naturaleza oscurecida.

Todos estos escritores del Antiguo Testamento mostraban el pacto que vendría entregado en el cuerpo y la vida de Jesús. Era un pacto que traería una esperanza nueva y mejor, no solo para Israel, pero para el mundo entero, toda la raza humana. Señalaria los comienos del cumplimiento de la palabra que Dios le dió a Abram, diciéndole que a travez de su familia todas las familias de la tierra serian bendecidas. El autor de Hebreos citó a Jeremías y a Ezequiel al explicar que este nuevo pacto sería mejor y más excelente que los pactos anteriores.

Pero ahora tanto mejor ministerio es el suyo, cuanto es mediador de un mejor pacto, establecido sobre mejores promesas. Porque si aquel primero hubiera sido sin defecto, ciertamente no se hubiera procurado lugar para el segundo. Porque reprendiéndolos dice: He aquí vienen días, dice el Señor, en que estableceré con la casa de Israel y la casa de Juda un nuevo pacto; No como el pacto que hice con sus padres el día que los tomee de la

Autoridad Oculta y Revelada

mano para sacarlos de la tierra de Egipto; Porque ellos no permaneciernon en mi pacto, y yo me desentendí de ellos, dice el Señor. Por lo cual, este es el pacto que haré con la casa de Israel después de aquellos días, dice el Señor: Pondre mis leyes en la mente de ellos, y sobre su corazón las escribiré; y seré a ellos por Dios, y ellos me serán a mi por pueblo; y ninguno enseñará asu prójimo, ni ninguno a su hermano, diciendo: conoce al Señor; porque todos me conocerán, desde el menor hasta el mayor de ellos. Porque sere propicio a sus injusticias, y nunca mas me acordaré de sus peccados y de sus iniquidaades. Al decir nuevo pacto, ha dado por viejo al primero; y lo que se da por viejo y se envejece, esta próximo a desaparecer.

Hebreos 8: 6-13 RVR 1960

Este pasaje en hebreos 8:6-13 destaca cuatro puntos clave para el Nuevo Pacto.

1. Pondre mis leyes en su mente y las escribiré en su corazón.

2. Seré su Dios, y ellos serán mi pueblo.

3. Todos me conocerán, desde el menor hasta el mayor.

4. Perdonaré sus iniquidades, y nunca más me acordaré de sus pecados.

La última bendición nombrada es la raíz de este Nuevo Pacto: completo y total perdón del pecado acompañado del enrutamiento de la naturaleza pecaminosa y la depositada instalación de la nueva naturaleza en Cristo. Esto solo puede

Pon Tus Palabras a Trabajar

ser logrado al obtener un nuevo corazón y un nuevo espírtu, como Ezequiel 36:26-27 nos explicó. Uno de los requisistos fundamentales del pacto antiguo era que Israel escuchara y obedeciera la voz de Dios a travez de cualquier forma en la que hablara. Dios deseaba obediencia de corazón.

Y les daré corazón para que me conozcan que yo soy Jehová; y me serán por pueblo, y yo les seré a ellos por Dios; porque se volverán a mi de todo su corazón.

Jeremías 24: 7 RVR 1960

La obediencia verdadera, genuina y sincera solo podía hacerse desde una naturaleza cambiada. Este apoderamiento para obedecer desde el corazón es lo que el Nuevo Pacto da al hombre. Dios mismo nos enseña a travéz del Espíritu Santo para ayudarnos a entender lo que el dice en su palabra es nuestro derecho de pacto.

Cuando una persona es cambiada de adentro hacia afuera, al ser una nueva creatura- una espécie espiritual nueva compatible con Dios mismo- esa persona es capaz de funcionar en un nivel de autoridad que excede al que tiene una naturaleza inalterada. El problema se encuentra en el las personas del Nuevo Pacto que optan por operar y vivir a un nivel más bajo que la autoridad construída en nosotros como creyentes bajo el Nuevo Pacto. Y en gran parte, es debido a frcasar en ereconocer la posición primordial que las palabras deben jugar en nuestras vidas. Tal ve nos hemos acostumbrado al uso común de palabras para información o como una manera de llenar el tiempo que el verdadero valor de las palabras ha perdido sobre nosotros. Y hemos perdido la percepción de nuestra autoridad como espíritus hablantes, parece que hemos disminuido significativamente el valor espiritual que Dios puso en nosotros para poder hablar con la voz que lleva una autoridad substancial y que cambia la vida. Las palabras dominan nuestras vidas diariamente, pero es tiempo de que nosotros aprendamos a dominar y transformar nuestras vidas con las palabras que hablamos diariamente.

Pon Tus Palabras a Trabajar

Capítulo 7

Las Palabras Dominan Nuestras Vidas

Tal véz puede que hayas o no hayas entendido las próximas declaraciones antes, pero por si acaso, déjame recordarte algunas cosas. El hombre fue ceado por las palabras de Dios. El hombre fue hecho un espíritu que hablaba a la imagen y semejanza de Dios. La tierra es un planeta creado a travez y constantemente afectado por las palabras. Las palabras están siempre presentes a lo largo de nuestras vidas. La tierra es un planeta de palabras dominado por palabras. Las palabras dominan nuestras vidas.

En este mundo basado en las palabras, Jesús estaba altamente desarrollado y calificado en como usar sus palabras. Camina como un hombre y habla como Dios, y basado en todo lo que hemos visto en cada área que hemos visto, debería ser bastante evidente que estamos autorizados a hacer lo mismo. Pero debemos aprender a usar nuestra voz como Jesús uso su voz, liberar nuestra autoridad de la misma manera que Jesús lo hizo, y transforemar nuestras vidas de la misma manera en que Jesús transformoo la vida de muchos con sus palabras.

Pon Tus Palabras a Trabajar

¿Cómo podía Jesús caminar y hablar con tanta confianza? Una de las razones es porque utilizo recursos angélicos que estaban a su disposición.

Bendecid a Jehová, vosotros sus angeles, poderosos en fortaleza, que ejecutáis su palabra, obedeciendo la voz de su precepto.

Salmos 103:20 RVR 1960

Notemos como la Biblia de las Americas (LBLA) traduce el Salmo 103:20.

Bendecid al Señor, vosotros sus angeles, poderosos en fortaleza, que ejecutas su mandato, obedeciendo la voz de su palabra.

Salmos 103:20 LBLA

Cuando hablamos la palabra de Dios como su voluntad para nosotros, autorizamos y soltamos todo el poder y fortaleza de los angeles para participar plenamente en el cumplimiento de nuestras palabras. Invisibles al ojo físico, los angeles son espíritus ministradores enviados a ministrar a favor de los herederos de la salvación. Jesús reconoció su autoridad para involucrar a los angeles a su favor. Cuando fué traicionado por Judas en el jardín de Getsemaní y enfrentando a los soldados romanos, Pedro sacó su espada en defensa, pero Jesús le dijo, " ¿O piensas que no puedo rogar a mi padre, y El pondrá a mi disposición ahora mismo mas de doce legiones de angeles?"

Las Palabras Dominan Nuestras Vidas

Volvamos a pensar en nuestra explicación de lo que paso en Marcos 4, y lo que sucedió después de la demostración de Jesús de la voz de autoridad para salvar a sus discípulos de volcarse en el mar.

Y VINIERON de la otra parte del mar...

Marcos 5:1 RVES

¡Mision cumplida! Sucedió exactamente como Jesús dijo que pasaría antes de que se fueran. Jesús dijo, "Pasemos hacia el otro lado." Habló de su corazón lo que el creía, y sus palabras llegaron a cumplirse.

Porque de cierto os digo que cualquiera que dijere a este monte: Quitate, y échate en la mar, y no dudare en su corazón, mas creyeré que será hecho lo que dice, lo que dijere le será hecho.

Marcos 11:23 RVES

Pero había un propósito mayor que solo tener algo hecho para probar que las leyes de la fe y la confesión y que la voz de autoridad trabajan en medio de las tormentas de la vida que podamos estar pasando personalmente. Debemos entender que Jesús no hizo nada sin que tuviera un propósito. Al cruzar al otro lado del mar, Jesús estaba cumpliendo una misión del Padre. Habia un hombre poseído por demonios que aterrorizaba la costa del otro lado del mar, y Jesús estaba siguiendo pasos ordenados para liberar las costas de la oscuridad y el terror,

Pon Tus Palabras a Trabajar

liberando a este hombre de la esclavitud y la opresión.

Jesús demostró la verdad viva de la fe y la confesión en Marcos 11:23 en la manera que le habló a una higuera y ordenó que se marchitase y muriera desde la raíz. También mostró los efectos de la fe lanzados en la voz de autoridad cuando conquisto los vientos y detuvo las olas en la tormenta en Marcos 4.

Pero había un propósito mayor que solo tener algo hecho para probar que las leyes de la fe y la confesión y que la voz de autoridad trabajan en medio de las tormentas de la vida que podamos estar pasando personalmente. Debemos entender que Jesús no hizo nada sin que tuviera un propósito. Al cruzar al otro lado del mar, Jesús estaba cumpliendo una misión del Padre. Habia un hombre poseído por demonios que aterrorizaba la costa del otro lado del mar, y Jesús estaba siguiendo pasos ordenados para liberar las costas de la oscuridad y el terror, liberando a este hombre de la esclavitud y la opresión.

> *Vinieron al otro lado del mar, a la región de los gadarenos. Y cuando salio ell de la barca, enseguida vino a su encuentro, de los sepulcros, un hombre con un espíritu inmundo, que tenia su morada en los sepulcros, y nadie podía atarle, ni aún con cadenas. Porque muchas veces había sido atado con grillos; y nadie le podía dominar. Y siempre, de día y noche,*

Las Palabras Dominan Nuestras Vidas

andaba dando voces en los montes y en los sepulcros, e hiriéndose con piedras.

Marcos 5: 1-5 RVR 1960

En este encuentro en esta región, Jesús estaba operando en la autoridad de Adán, Abraham y David. Jesús estaba siendo dirigido por la palabra que Dios hablo a su corazón acerca de la materia presente y las condiciones actuales y la palabra escrita que habría encontrado en Isaías sobre donde tenía que ir y que tenía que hcer. Escuchoo la voz de su Padre de en que momento tenía que actuar en ciertas instrucciones que sabía de la palabra escrita. Mateo 4 detalla los movimientos de Jesús y muestra como estos movimientos fueron sacados de lo que Isaias escribió y profetizó.

Y dejando a Nazaret, vino y habitó en Ccapernaum, ciudad marítima, en la región de Zabulon y de Neftali, para que se cumpliese lo dicho por el profeta Isaias, cuando dijo: Tierra de Zabulon y tierra de Neftali, caminó del mar, al otro lado del Jordan, Galilea de los gentiles; el pueblo asentado en tinieblas vio gran luz; y a los asentado en región de sombra de muerte, Luz les resplandeció.

Mateo 4:13-16 RVR 1960

La luz que les resplandeció fue Jesús, la Luz del mundo. El gadareno demoniaco era un hombre asentado en tinieblas, y contribuia al pueblo asentado en tinieblas y bajo la sombra de muerte. Isaías dijo que una gran Luz les resplandecería para espacir la oscuridad y hacerla huir.

Pon Tus Palabras a Trabajar

Mas no habrá siempre oscuridad para la que esta ahora en angustia, tal como la aflicción que le vino en el tiempo que livianamente tocaron la primera vez en la tierra de Zabulon y a la tierra de Neftali; pues al fin llenara de gloria el camino del mar, de aquel lado del Jordan, en Galilea de los gentiles. El pueblo que andaba en tinieblas vio gran luz; los que moraban en la tierra de sombra de muerte, luz resplandeció sobre ellos.

Isaías 9: 1-2 RVR 1960

Marcos 4 y 5 tomaron lugar en la zona costera de Galilea. Este hombre y esta región fueron liberados por la voz de autoridad en la tierra. Lo que estaba destinado a suceder desde los cimientos del mundo se cumplió, así como Dios quiere que toda su palabra de fruto en la tierra, sin regresar a el vacía. Muchas veces leemos las escrituras como relatos históricos de Jesús y perdemos el punto de que Jesús vino para demostrar como debía ser la vida en la tierra para un hombre o mujer unjido y autorizado por Dios. Las mismas verdades y principios inherentes por los cuales Jesús vivió son los mismos por los que debemos nosotros vivir, ver, y experimentar los beneficios contenidos dentro de estas verdades y principios.

Veamos estas dos afirmaciones complementarias que Jesús hizo de si mismo y reconozcamos y adoptemos las verdades y principios de aquí para nuestras propias vidas.

Las Palabras Dominan Nuestras Vidas

Anunció lo por venir desde el principio, y desde la antigüedad lo que aun no era hecho; que digo: Mi consejo permanecerá, y hare todo lo que quiero; que llamo desde el oriente al ave, y de tierra lejana al varon de mi consejo. Yo hablé, y lo haré venir; lo he pensado, y también lo haré.

Isaías 46: 10-11 RVR 1960

Lo que pasó, ya antes lo dije, y de mi boca salió; lo publiqué, lo hice pronto, y fue realidad. Te lo dije ya hace tiempo; antes que sucediera te lo advertí, para que no dijeras: Mi ídolo lo hizo, mis imágenes de escultura y de fundición mandaron estas cosas.

Isaías 48: 3, 5 RVR 1960

Este es el método de Dios para operar en el reino de Dios. El determina el resultado deseado, declara ese resultado desde el principio, y se mantiene firme en su letrado y en la fe. La fe es lo que agrada a Dios y esta envuelto en la expresión de cuando Él hace lo que le place. Esta ley de confesión antigua ha permanecido a lo largo de la eternidad como los medios para crear la realidad y construir las imagenes y experiencias que deceamos en la vida.

¿Pero comoo funciona esto en un nivel práctico? Siembra tu semilla, habla a las montanas, y declara el futuro que deceas. No gastes todo tú tiempo hablando de tus problemas. ¡Habla con ellos, y diles como van a ser las cosas! Piensa en como quieres que sean las cosas. Se específico. Piensa en como se veria y sientiria la vida si los cambios que necesitas

Pon Tus Palabras a Trabajar

y deseas ya estuvieran en su lugar. Ahora esto es lo esencial del asunto. Si no lo puedes ver, no puedes decirlo en forma ni el modo con la fuerza necesaria, para poder ser y tenerlo- lo que sea que necesites y decees.

Pero si puedes conseguir que la imagen se establesca dentro de ti y eres diligente y consistente para decir lo que quieres tener, las cosas pueden y serán diferentes. Decreta lo que necesitas. Decrétalo en el momento presente y en el futuro con conistencia. Habla tu resultado deseado sobre la base de la palabra escrita de Dios y la palabra hablada por Dios directamente a tu corazón. Tienes que comprometerte a esto. No solo sucede por expresar por un día un pensamiento positivo o durante unos días hablar un resultado que deseas a largo plazo. Expresa lo que quieres, expresa lo que estas autorizado a tener, y has que se vuelva un habito.

Todos podemos apreciar el hecho que Dios es capaz de hacer grandes cosas rápidamente y de repente, sin emargo muchas de las cosas que suceden de repente se basan en una forma continua de hablar y en hacer lo que la Palabra dice en las áreas de nuestra vida. Aquí es cuando tanta gente se desaníma o desagrada con la fé y la confesión. Tal vez no quisieron escuchar, o no fueron lo suficientemente ensenadoss, que vivimos por la fe y la confesión. Los justos vivirán por fé. Los justos hablaran con fé. Los justos vivirán por lo que declaran con más frecuencia.

Es innecesario distraerte con el argumento de si esto es participar en "obras." Piensa en términos de esfuerzo. Debemos dedicarnos y esforzarnos mentalmente,

Las Palabras Dominan Nuestras Vidas

emocionalmente, espiritualmente y físicamente con el fin de mantener la responsabilidad sobre nuestra boca y las palabras que permitimos que salgan de nuestra boca. Si esto fuera fácil y no requiriera ningún esfuerzo, la iglesia estuviera llena de "confesores de palabra" que hablan a su tiempo y son repetidamente exitosos. La conclusión es que la mayoría de las personas no dan un reporte consistente de las palabras habladas y alineadas con la palabra y la de Dios para sus vidas, y por lo general no hablan lo que ellos quieren tener en sus vidas. La mayoría de las personas están constantemente *hablando de lo que tienen*, hablando de lo que no desean, en lugar de constantemente *hablar de lo que quieren* y lo que si desean.

Cuando nos encontramos al borde, en el mismo borde y presipicio del gran avivamiento y cosecha de almas preparadas para los tiempos finales, nuestra participación voluntaria y la declaración de esta realidad es una clave primordial para su cumplimiento en la tierra. Ahora es el tiempo para perseverar, para prepararnos, y entrenar para tomar nuestros papeles y lugares durante este tiempo divino en la tierra. Ahora es cuando debemos desarrollarnos en el propósito eterno de nuestro nacimiento y aparición en la tierra. Debemos afirmar el mismo grado y magnitud para entender el proposito espesifico, definido, y personal de nuestro exisitir como lo hacemos en la búsqueda de hacer nuestros trabajos o al disfrutar nuestros pasatiempos. No tienes que ser un ministro de tiempo completo para hacer

Pon Tus Palabras a Trabajar

esto, pero ahora es el momento de extraer tu potencial y propósito en la formación y la seria preparación.

¿Cómo encajan estos últimos pensamientos en el contexto general del tema que hemos estado hablando? Nuestras palabras toman una mayor fuerza cuando nuestro propósito asume mayor claridad y autoridad. Job 6:25 dice, "*¡Que eficaces son las palabras rectas!*" El elegir las palabras correctas puede hacer un mundo de diferencia. El impacto y la influencia de las palabras que tienen eficacia de estar correctas anaden una elegancia y un efecto inegable. Hablar palabras de esta manera refleja a una persona experta en poner pintura y brocha a un espacio en blanco.

Cuando un artista captura una imagen sobre lienzo con perfecta simetría y proporción, con los colores y tonos correctos, el corazón del espectador es tocado al igual que su ojo. La inspiración y la iluminación pueden moverse de una manera que es transformadora en la vida de quien ve una imagen que lleva mil palabras eficaces. Lo mismo es cierto de una persona que puede hablar una frase de palabras eficaces que deja una imagen de inspiración. El presidente John F. Kennedy lanzó una multitud de vidas hacia un servicio desinteresado con las palabras, "No te preguntes que puede hacer tu país por ti, sino que puedes tu hacer por tu país."

Eclesiastes 8:4 dice, "Pues la palabra del rey es con potestad." Un rey esta sentado en autoridad. Un rey esta sentado con claridad en autoridad. Un rey con propósito puede mover una nación, una región, al mundo en acción y resultados. Jesús es un Rey- el Rey de reyes. Cada uno de

Las Palabras Dominan Nuestras Vidas

nosotros como creyentes estamos es posición de gobernar como reyes en la vida a travez de Jesucristo. En nuestras vidas personales, tenemos una esfera alrededor de nosotros, un lugar donde las decisiones y la influencia se encuentran y utilizan. Cuando entendemos nuestro propósito en esta esfera, hablamos y actuamos mucho mas diferente que cuando estamos vagando confundidos y con la ausencia de propósitos que nos guien. Y de ese modo de vida errante y con una estructura de mente confundida, descuidamos usar las palabras para el propósito correctoy en la autoridad por la cual debieron ser habladas.

¿Qué dirias si alguien te preguntara, "Cual es el propósito principal de tus palabras?" Mucha gente diría para transferir información o para la comunicación de pensamientos, ideas, instrucciones, y emociones. Si contestaste de esta manera, no estas en lo incorrecto necesariamente, solo en lo incompleto.

El propósito primordial de las palabras es la creación de mundos en los que podemos vivir, y en consecuencia, crear entornos para apoyar la vida en esos mundos. Jesús "autor" de su entorno y circunstancias a travez y a base de las palabras habladas.

En el principio, Dios creo los cielos y la tierra, y formo al hombre del polvo de la tierra, y sopló en su naríz aliento de vida. Dios creo su entorno y sus circunstancias a base de las palabras habladas. Dios estableció la provision que estaría en el mundo en el que puso al hombre. Entonces capacitó y equipó al hombre para que usara el mismo proceso

Pon Tus Palabras a Trabajar

de palabras para afectar el ambiente en el que viviá. Adán nombro a las creaturas de la tierra. En última instancia, era este poder de usar o no usar las palabras que darían autoridad en la tierra al enemigo.

Todas las personas quieren ser consideradas ganadoras en la vida. Todas las personas quieren salir mejor de lo que eran antes del inicio de una cosa. Las palabras ganadoras son palabras dominantes. Las palabras dominantes nos ayudan a salir mejor de lo que estabamos antes. Las palabras ganadoras están arraigadas en el dominio que Dios liberó en nuestras vidas a travéz de la victoria de Jesús al triunfar sobre el mundo. La autoridad es poder e influencia delegada. El dominio es tener suprema autoridad, poder y dominio. La autoridad se libera a travéz de las palabras. Dios usó sus palabras para expresar y establecer su dominio en y sobre todas las cosas. La clave de la autoridad y el dominio, o maestría, se encuentra en tus palabras. Para ejercer autoridad y dominio, domina tus palabras.

Pablo aprovechó la importancia y la necesidad de la oración en relacion con las palabras que dominan. Enfatizó la necesidad de expresión y audacia-el uso exacto del lenguaje y la autoridad en la expresión de ese idioma. La oración es el medio por el cual podemos hacer peticiones especificas y recibir instrucciones especificas sobre que decir en todos los asuntos de la vida.

En la oración enfocada, podemos liberar comandos que configuran y dirigen nuestro camino. La oración, particularmente el orar en el Espíritu, nos mostrara como

Las Palabras Dominan Nuestras Vidas

articular las respuestas a los problemas, y expresar soluciones a las adversidades y revelar como definir y declarar con precisión las cosas y condiciones que deceas en la vida.

Y (oren) por mí, para que me sea dada palabra en el abrir de mi boca con confianza, para hacer notorio el ministerio del evangelio. Por el cual soy embajador en cadenas; que resueltamente hable de el, como debo de hablar.

Efesios 6:19-20 RVES

La Nueva Traducción Viviente pone a Efesios 6:19 de esta manera: "Y oren también por mi. Pidanle a Dios que me de las palabras adecuadas para poder explicar con valor su misterioso plan: que la Buena Noticia es para judíos y gentiles por igual." Pablo entendio la necesidad de las palabras correctas en la oración. Es importante tener en cuenta que no necesitas tener un vocabulario de millones de palabras para hablar las palabras que son adecuadas para ti. Es una cuestión de buscar y conocer tu corazón para escuchar las palabras correctas para que puedas hablar en un momento dado. Y una vez que sepas que hablar, debes decretarlo y declararlo con audacia y confianza.

Es en ese mismo momento que los principios espirituales y los componentes piadosos se ponen en movimiento. Tus palabras de dominio inician el movimiento de la maquinaria del reino y recrsos divinamente organizados a tu favor. El Espíritu Santo esta autorizado para motivar e inspirar los elementos del reino espiritual para llevar a cabo la plenitud

Pon Tus Palabras a Trabajar

de las palabras que has liberado. Se como Dios y declara el fin-la meta y el resultado deceados-desde el principio. Àngeles toman vuelo a la velocidad de la luz para hacer cumplir la autoridad y el dominio emitido desde tu corazón y a travez de tus palabras.

Tal como Dios dijo, "Sea la luz" para cambiar las condiciones naturales en la tierra, tu también puedes cambiar los elementos naturales del mundo que te rodea con las palabras de dominio que hablas con consistencia. Entonces como Job 22:28 dice, *"Determinaras así mismo una cosa, y te será firme, y sobre tus caminos resplandecerá luz."* La verdad y principio en este versículo de la Escritura esta destinado a ser una realidad primaria e incluso cotidiana en tu vida como un rey." Los reyes, o aquellos con un nivel supremo de autoridad, hacen decretos o declaraciones que deben ser obedecidos. Veamos un poco más como funciona esto.

Capítulo 8

Palabras Dominantes en Acción

Cuando consideramos la vida del Rey David, es evidente que vivió una vida cercana al corazón de Dios. Pero ¿Cuáles son las cosas que demostraban su corazón? Es obvio que tenía un corazón para adorar al Padre. No hay duda que era un hombre de convicción, pasión, y pacto. Esta claro que fue capaz de reconocer rápidamente sus propios errores y arrepentirse. Era un homre comprometido a hacer la voluntad de Dios desde su corazón. Pero hay otra cosa que distingue la manera en que David vivía su vida. El aprendio el poder de hablar las palabras correctas para dominar sus circunstancias. Trazemos el camino seguido por David que hizo sus palabras poderosas y dominantes.

> *Y ACONTESIÓ que morando David en su casa, dijo David al profeta Nathán: He aquí yo habito en casa de cerdo, y el arca del pacto de Jehová debajo de cortinas. Y Nathán dijo a David: Haz todo lo que esta en tu corazón, porque Dios es contigo.*
>
> *1 Crónicas 17:1-2 RVES*

David aprendió a lo largo de su vida que Dios estaria con el cuando el hiciera lo que Dios puso en su corazón. Hay una razón por la cual David fue audaz como un león cuando

Pon Tus Palabras a Trabajar

se enfrento a Goliat. Era porque había vencido primero al león y al oso que enfrento en el campo. ¿Qué le hizo pensar que estaba preparado para pelear y vencer la ferocidad de un león y un oso? Por la misma razón expresada cuando David se enfrento a Goliat.

David estaba plenamente consiente de que tenia la provision y protección completa del pacto prometida como un hijo de Israel. David entendio lo que le enseniaron de la Torá, los primeros libros de lo que tenemos como Bibia, que el Dios de toda la creación favoreció a Israel porque Abraham le creyó y obedeció a Dios. Cuando David llamó a Goliath un "filisteo insircunciso." no solo estaba lanzando un insulto. El estaba declrando lo que tenía en su corazón acerca del pacto que Dios había hecho con Israel a travéz de Abraham y Moisés. Por creer y permanecer en lo que tenia en su corazón por parte de Dios, David sabía que Dios estaba con él.

En aquella misma noche vino palabra de Dios a Natán, diciendo: Ve y di a David mi siervo: Así ha dicho Jehová: Tú no me edificarás casa en que habite. Porque no he habitado en casa alguna desde el día que saqué a los hijos de Israel hasta hoy; antes estuve de tienda en tienda, y de tabernáculo en tabernáculo. Por dondequiera que anduve con todo Israel, ¿hablé una palabra a alguno de los jueces de Israel, a los cuales mandé que apacentasen a mi pueblo, para decirles: ¿Por qué no me edificáis una casa de cedro? Por tanto, ahora dirás a mi siervo David: Así ha dicho Jehová de los ejércitos: Yo te tomé del redil, de detrás de las ovejas, para que fueses príncipe sobre mi pueblo Israel; y he estado contigo en todo cuanto has andado, y he cortado a todos tus enemigos de delante de ti, y te haré gran nombre, como el nombre de los grandes en la tierra. Así mismo he dispuesto lugar para mi pueblo Israel, y lo he plantado para que habite en él y no sea más removido; ni los hijos de iniquidad lo consumirán más, como antes, y desde el tiempo que puse los jueces sobre mi pueblo Israel.

1 Crónicas 17: 3-10a RVR 1960

A travéz del profeta Nathán, Dios le dió instrucciones a David acerca del Templo que David tenia en su corazón para construir. Nathán alentó a David a hacer todo lo que estaba en su corazón, pero Dios redirigio los deceos de David. Dios tambie conto todo lo que había hecho por David, recordándole su fidelidad para proteger y cuidar de David y la nación de Israel.

Imagina esta ecena: Dios estaba hablando a travez del profeta para predicar un mensaje personalizado, hecho a medida para David. David estaba escuchando la palabra, pero también estaba escuchando con el oído de sabios. No solo oia las palabras de un hombre, sino que oia la Palabra de Dios. Lo tenemos hoy como un pasaje de la Escritura de la cual todavía podemos beneficiarnos. Esto se le había dado a David como una palabra hablada por Dios a su corazón relevante para el momento. David esta escuchando un recordatorio de triunfos y logros pasados, pero a travez de Nathán, Dios también comenzó a dar dicernimiento sobre el futuro.

Pon Tus Palabras a Trabajar

Mas humillaré a todos tus enemigos. Te hago saber, además, que Jehová te edificará casa. Y cuando tus días sean cumplidos para irte con tus padres, levantaré descendencia después de ti, a uno de entre tus hijos, y afirmaré su reino. El me edificará casa, y yo confirmaré su trono eternamente. Yo le seré por padre, y él me será por hijo; y no quitaré de él mi misericordia, como la quité de aquel que fue antes de ti; sino que lo confirmaré en mi casa y en mi reino eternamente, y su trono será firme para siempre. Conforme a todas estas palabras, y conforme a toda esta visión, así habló Natán a David.

1 Crónicas 17: 10b-15 RVR 1960

David ha oído a Dios hablar con el en este tipo de lenguaje autoritario, asertivo, y declarativo antes. En esencia, Dios estaba profetizando a David a travez de Nathán. Dios estaba definiendo lo que el futuro podría ser para David y su familia. La profecía tiene un gran potencial de un posible futuro hecho probable y palpable cuando la gente lleva a cabo las instrucciones y requisitos para que se cumpla. Si, Dios es el que finalmente determina los resultados, pero hay un papel definitivo que el individuo juega en ver las cosas materializarse ante sus ojos y en sus propias vidas.

Muchas veces, las personas permanecen osiosas esperando el gobierno soberano de Dios para hacer cumplir una declaración profetica, o se lanzan a una acción inmediata sin recibir más instrucción y comprencion adicional. Obseva lo que hizo David primero con las declaraciones autorizadas de Dios, porque la acción que toma antes de dejar el momento es crucialmente importante.

Y entró el rey David y estuvo delante de Jehová, y dijo: Jehová Dios, ¿quién soy yo, y cuál es mi casa, para que me hayas traído hasta este lugar? Y aun esto, oh Dios, te ha parecido poco, pues que has hablado de la casa de tu siervo para tiempo más lejano, y me has mirado como a un hombre excelente, oh Jehová Dios. ¿Qué más puede añadir David pidiendo de ti para glorificar a tu siervo? Más tú conoces a tu siervo. Oh Jehová, por amor de tu siervo y según tu corazón, has hecho toda esta grandeza, para hacer notorias todas tus grandezas. Jehová, no hay semejante a ti, ni hay Dios sino tú, según todas las cosas que hemos oído con nuestros oídos. ¿Y qué pueblo hay en la tierra como tu pueblo Israel, cuyo Dios fuese y se redimiese un pueblo, para hacerte nombre con grandezas y maravillas, echando a las naciones de delante de tu pueblo, que tú rescataste de Egipto? Tú has constituido a tu pueblo Israel por pueblo tuyo para siempre; y tú, Jehová, has venido a ser su Dios.

1 Crónicas 17:16-22 RVR 1960

¿David se sentó en su casa haciendo que? Meditando en Dios y su palabra, considerando maneras de honrar a Dios y mostrar su aprecio por Dios. Observemos como David relata la gracia de dios para reconocerlo, y considera el favor que Dios le ha otorgado. Mientras se "sentaba" ante el Señor y pensaba en la bondad de Dios, observa como David se

Pon Tus Palabras a Trabajar

humilló y puso a Dios en el lugar exaltado que el merece. El tomó nota de que Dios era proactivo en la bendición, y al igual que su Padre Celestial, David usó sus palabras como un iniciador y creador.

En este intercambio entre Dios y David, Dios ha revelado el Pacto de David. Un pacto es la delegación de autoridad en acción, autorizando a los socios del pacto a participar de los beneficios del pacto. David vino y se sento delante del Señor. Este fue un tiempo de reflección y meditación, así como la aceptación de las promesas de Dios. Mientras se sentaba delante del Señor, David estaba interiorizando la visión y la imagen que Diosle presentó.

Notemos una vez más que David ensayó en los oídos de Dios su grandes y le recordó algunas de las cosas que ya le había prometido, dicho, y hecho. Esto no se hizo para alagar a Dios, o mimar a Dios. Esto se hizo como un reconocimiento de la misericordia y fidelidad de Dios, y si, de cuan grande y poderoso era Dios para David. Pero esto también se hizo para establecer principios espirituales y maquinaria en operación.

Este es el elemento de la confesión verdadera, o el decir las mismas cosas que Dios ya ha hablado. Esto no era una actividad de solo un día con la que se tropezó David. Esto era algo que David empleó como un habito a seguir y como una rutina de vida. Antes de hablar acerca de la voz de autoridad en la tierra, David se sento ante el Señor en consideración de las cosas que escuchó. David aprendio a dejar que las cosas que le fueron dichas se acomodaran profundamente en su corazón. El aprendioo a dejar que las palabras resonaran en

Palabras Dominantes en Acción

su corazón para poder alinear su corazón con el corazón del que le había hablado. ¿Y el resultado?

Se enardeció mi corazón dentro de mí; En mi meditación se encendió fuego, y así proferí con mi lengua:

Salmos 39:3 RVR 1960

La reflexión de David estaba construyendo una energía espiritual, un impulso dentro de él, de modo que antes de hablar con su lengua, él alinearía su corazón hasta que se quemara con fuerza para que sus palabras habladas dominaran en la vida y el mundo alrededor de él. Su reflexión era una "consideración sostenida" sobre lo que Dios le había hablado. Cuanto mas sostenía sus pensamientos sobre las palabras de Dios, más fuerte era la dinámica de la creencia agitada dentro de él. Y antes de que comenzara a hablar, dejo que sus creencias se reforzaran a travéz de lo que sostuvo su consideración.

En 2 Corintios 4:13, Pablo describe lo que estaba pasando en David así: *Pero teniendo el mismo espíritu de fé, conforme a lo que esta escrito; Crei, por lo cual también hablee, nosotros también creemos, por lo cual también hablamos…"* Pero Pablo estaba citando lo que David había escrito en Salmos 116:10 al considerar David un tiempo de angustia. David estaba diciendo que seguiría creyendo en Dios y confiando en él, y hablando de su fuerte creencia en Dios incluso cuando los problemas lo rodeaban.

Pon Tus Palabras a Trabajar

En 1 Cronicas 17, David no esta considerando los problemas sino las bendiciones de Dios. David le dijo a Dios, "Tu has hablado" y "Has hecho saber todas estas grandes cosas." Bendecir a David fue la idea de Dios primero. La bendición que vino a toda la humanidad en Génesis 1, y la bendición que descansaron sobre Abraham en Génesis 12, y las bendiciones de todas las bendiciones espirituales en lugares celestes en Cristo (Efesios 1:3) fueron todas ideas d Dios. Observemos aquí como David habla en relación con el conocimiento ya revelado de la boca de Dios.

Ahora pues, Jehová, la palabra que has hablado acerca de tu siervo y de su casa, sea firme para siempre, y haz como has dicho. Permanezca, pues, y sea engrandecido tu nombre para siempre, a fin de que se diga: Jehová de los ejércitos, Dios de Israel, es Dios para Israel. Y sea la casa de tu siervo David firme delante de ti. Porque tú, Dios mío, revelaste al oído a tu siervo que le has de edificar casa; por eso ha hallado tu siervo motivo para orar delante de ti.

1 Crónicas 17:23-25 RVR 1960

Primera de Crónicas 17:23 en la Biblia Nueva Traduccion Viviente dice, "Y ahora Señor, acepto tu promesa de que yo y mis hijos habremos de gobernar siempre esta nación." David encontró valor, confianza y libertad en su corazón para orar y esperar exactamente lo que Dios prometió. Conocer, actuar, y vivir en la voluntad revelada por Dios es el lugar de dominio y autoridad.

Palabras Dominantes en Acción

Porque tú, Jehová de los ejércitos, Dios de Israel, revelaste al oído de tu siervo, diciendo: Yo te edificaré casa. Por esto tu siervo ha hallado en su corazón valor para hacer delante de ti esta súplica.

2 Samuel 7:27 RVR 1960

Esta oración especifica resulto de la promesa especifica dada a David por Dios. Dios le mostro a David su palabra y su voluntas. David estaba operando en el espíritu de sabiduría y revelación similar a la oración que Pablo oro que se encuentra en Efesios 1:16-23. Así es como David podría decir, "Por esto tu siervo ha hallado en su corazón como hacer esta oración." Es muy parecido a como el Espíritu de verdad nos muestra las cosas que habran de venir.

Pero cuando venga el Espíritu de verdad, él os guiará a toda la verdad; porque no hablará por su propia cuenta, sino que hablará todo lo que oyere, y os hará saber las cosas que habrán de venir.

Juan 16:13 RVR 1960

El nos muestra cosas con un propósito específico: hablar esas cosas que nos muestra.

Sin embargo, hablamos sabiduría entre los que han alcanzado madurez; y sabiduría, no de este siglo, ni de los príncipes de este siglo, que perecen. Mas hablamos sabiduría de Dios en misterio, la sabiduría oculta, la

Pon Tus Palabras a Trabajar

cual Dios predestinó (estableció y autorizó) antes de los siglos para nuestra gloria.

1 Corintios 2:6-7 RVR 1960

Primera de Corintios 2:12-13 continua diciendo que hemos recibido el Espíritu de Dios para conocer las cosas que se nos han dado libremente, y debemos hablar de estas cosas en el lenguaje dado por el Espíritu Santo. Necesitamos clases de lenguaje del Espíritu Santo, especialmente para dirigirnos los problemas naturales, las tormentas y las adversidades de la vida. De una necesidad, esas lecciones de lenguaje incluyen hablar palabras que hacen a las personas y la atmósfera a nuestro alrededor mejores que como los encontramos. Muchas personas usan sus palabras para derribar, pero somos responsables de edificar a las personas.

Eviten toda conversación obcena. Por el contrario, que sus palabras contribuyan a la necesaria edificación y sean de bendición para quienes escuchan.

Efesios 4:29 RVR 1960

Y este uso correcto de las palabras no solo de ser dirigido hacia aquellos que nos rodean, sino que debemos rechazar las comunicaciones autocorrompidas. Nuestras palabras no están destinadas a desgarrarnos al hablar negativamente de nosotros mismos. Algunas personas hablan en sus propios pensamientos acerca de lo malas que son las cosas o de como serán. Los pensamientos que hablamos dentro no son designados para destruir nuesta auto confianza o autoestima, ni juzgar dentro de nosotros a otras personas. Debemos usar nuestras palabras- verbalizadas o internas- para contribuir, edificar, y fortalecer a los demás y a nosotros mismos. Debemos ser como poetas que son entrenados y calificados en la comunicación de lo que Dios ha puesto en nuestros corazones.

Dios esta esperando que los creyentes manejen las palabras para liberar autoridad, autoridad justa en la tierra. Dios esta buscando que usemos bien nuestro don del lenguaje, para perfeccionar nuestras habilidades, para desarrollar en este oficio para comunicarnos con nuestras circunstancias, medio ambiente y futuro. Utiliza los boques de construcción de palabras para construir un nuevo y mejor futuro, un nuevo y mejor tú.

Hay una razón por la cual Jesús fue tan eficaz con sus palabras. Él sabía que el tener la voluntad y las parabras de Dios era importante. Conocer la voluntad y la palabra de Dios es el punto de partida apropiado, mejor y definitivo, pero no es todo lo que necesitas para hablar con autoridad. Tal como David aprendió y Jesús demostró, debemos continuar haciendo que la voluntad y la palabra de Dios ardan en el corazón. Esta es una clave vital para hablar con una autoridad que es más y más eficaz.

En Marcos 11, tenemos la historia de Jesús hablándole a una higuera y siendo maldecida desde la raíz. Marcos 11:23 esta Jesús enseniando como y porque sus palabras funcionaron como lo hicieron. En paréntesis, he colocado las palabras griegas correspondientes para las palabras "decir" y "dice."

Pon Tus Palabras a Trabajar

Porque de cierto os digo (lego) que cualquiera que dijere (epo) a este monte: Quitate, y échate en la mar, y no dudare en su corazón, mas creyere que será hecho lo que dice (lego), lo que dijere (lego) le será hecho.

Marcos 11:23 RVES

Pon mucha atención a las palabras decir y el primer "dijere". Ambos aparecen dos veces en este versículo. Hay dos palabras griegas usadas aquí: La primer palabra es "lego", como los legos de juguete, y la segunda palabra es "epo." Quiero destacar algunas declaraciones más del erudito griego, Rick Renner, que ayudara a dar luz adicional sobre estas palabras. La palabra, lego, significa "disponer (en palabras), relacionarse en palabras, usualmente un discurso establecido o sistematico, expresar. El tiempo representa una manera de hablar fuerte, severo, serio y profundo. Esto no se refiere a una persona que murmura tonterías sin sentido; esta es una persona que ha hecho una resolución interior y ahora habla con autoridad y con gran convicción." (*Gemas Brillantes Griegas,* Rick Renner)

La palabra, epo, significa "hablar o decir (de palabra o por escrito)" Por lo general, se refiere a "una expresión individual o un discurso respectivo." también significa "mandar y hablar."

Así que si vamos a utilizar estas definiciones y estirarlas para una investigación mas completa, Marcos 11:23 podría ser declarado de esta manera:

Porque de cierto, siempre planté como un discurso sistematico y un patrón, y con todo resuelto y autoridad

Palabras Dominantes en Acción

para construir esta verdad en ti, que quienquiera que especificamentey personalmente comande a esta montaña, "Quitate y échate en el mar;" y no dudare en su corazón, mas creyere que las cosas que el constante y sistemanticamente establece en su estilo de vida con su vocabulrio para construir la verdad y se pueda cumplir; el tendrá lo que constante y sistemáticamente establesca en su estilo de vida con su vocabulario.

No es la liberación de una sola vez de la autoridad con la espernaza de que funcione, es el estilo de vida de coordinar palabras que constantemente están de acuerdo con lo que Dios ha dicho y lo que creemos acerca de su voluntad, sus promesas y su palabra, dentro de tu corazón. Si Jesús hubiera dicho "que cualquiera que dijere a este monte: Quítate, y échate en la mar, y no dudare en su corazón, mas creyere las cosas que dice en la iglesia, o de vez en cuando, o cuando esta alrededor de otros creyentes le sera hecho," Los cristianos la tendrían bien fácil. Pero tienes que controlar tus palabras fuera de la iglesia, en base regular, sin importar el ecenario.

Piensa en la mujer que padecía de flujo de sangre. Su historia esta encontrada en Marcos 5:25-34. El versículo 27 dice que cuando ella oyó hablar de Jesús, vino por detrás entre la multitud, y tocó su manto. El versículo 28 continua diciendo, "Porque decía..." Lo que ella oyó impactó lo que ella dijo. Lo que ella dijo impactó lo que ella recibió.

En la descripción de Mateo, Mateo 9:20-22 nos trae más al proceso del decir. Este pasaje dice que ella *decía* "dentro de si." Todos tenemos constantes conversaciones dentro de

Pon Tus Palabras a Trabajar

nosotros que definen y/o describen mucho de lo que esta sucediendo fuera de nosotros. Es conocido como el auto-habla. Y cal transcurso del tiempo, el auto-habla pone una impresión de nuestra consiencia de adentro hacia afuera. Muchas personas tienen estas constantes conversaciones de temor, duda y preocupación, pero por lo general no están consientes de que pasan horas al día deliberando en cosas equivocadas. La buena noticia es que pueden voltearlo.

Debes entender que hay una gran pelea sobre tu boca y la parte que habla de tu fé porque la autoridad que tienes como creyente debe ser liberada a travez de las palabras. Y hay una gran pela sobre el uso de tus palabras porque los centros del habla en el cerebro ejercen dominio sobre todo el sistema nervioso central. Sí una persona dice, "soy débil," o "soy fuerte," el centro del habla en el cerebro envía un mensaje a todo el sistema nervioso central para prepararse para ser débil o fuerte.

Veamos Santiago 3 par aver como instuye sobre lal manera y el impacto de la lengua y las palabras que vienen de nuestras bocas.

Porque todos ofendemos muchas veces. Si alguno no ofende en palabra, éste es varón perfecto, capaz también de refrenar todo el cuerpo. He aquí nosotros ponemos freno en la boca de los caballos para que nos obedezcan, y dirigimos así todo su cuerpo. Mirad también las naves; aunque tan grandes, y llevadas

Palabras Dominantes en Acción

de impetuosos vientos, son gobernadas con un muy pequeño timón por donde el que las gobierna quiere.

Santiago 3: 2-4 RVR 1960

Las palabras que hablamos son capaces de controlar toda la experiencia de nuestros cuerpos. Así como el freno en la boca de un caballo y el timon en una nave, la lengua gira al cuerpo en la dirección determinada por su dueño. Un caballo puede dar vuelta bastante rápido en un espacio pequeño, pero una nave puede tomar tiempo y un mayor espacio para dar vuelta y cambiar de dirección. El freno enla boca del caballo esta enlazado a la voluntad del hombre, y el timón de la nave esta enlazado a las circunstancias de la vida que un hombre enfrenta.

Nosotros podemos cambiar nuestras voluntades rápidamente si así lo deceamos, pero puede tomar tiempo para que las circunstancias se alinien con nuestro cambio de voluntad.

El volante esta en manos del piloto, o el "gobernador" como la versión Reina Valera 1960 de la Biblia lo pone. Esta palabra "gobernador" significa "hacer recto, nivelado o llano." Esta palabra también significa "el conducir o guiar rectamente, mantenerse recto o dirigir." Por elección, tenemos la capacidad innata de hacer caminos rectos delante de nosotros y de llegar a los lugares correctos a travéz de las palabras que elegimos para que salgan de nuestras bocas.

Puede ser desconcertante como alguien deliberadamete puede hablar de su boca y sobre su vida vejes, debilidad, confusión, una expectativa de enfermedad o resultados de preocupación, enfermedad, carencia o cualquier cosa indeseable. He escuchado las declaraciones que las personas solo tratan de "ser realiztas" y respaldan esto con comentarios de "es la época en que la gente vive" o "es lo que es." La cuestión es que cuando alineamos nuestros corazones y palabras con la voluntad y la palabra de Dios, estamos autorizados y facultados para hacer que las cosas sean lo que están destinadas a ser, no solo aceptar las cosas que no están destinadas a ser.

No me gusta mentir acerca de las cosas o estar abnegado a los hechos de la vida que enfrentamos. Mi punto es este: Sí deacuerdo a Jesús en Marcos 11:23, podemos tener lo que decimos, ¿porque las personas sigue diciendo lo que tiene y espera que las cosas cambien para mejorar sus vidas? Esta dentro de nuestro poder el iniciar un cambio de vida a travéz de lo que decimos constantemente día tras día.

Proverbios 18:21 dice, "La muerte y la vida están en poder de la lengua, Y el que la ama comerá de sus fruto." Esta es otra forma de declarar lo que encontramos en Marcos 11:23. Una de las mejores cosas acerca de Marcos 11:23 es: funcionará para cualquier persona y funcionará en cualquier cosa. Entonces cuando la Biblia dice, "diga el débil: fuerte soy," es un mensaje de esperanza para cualquier persona que nesecite fuerzas por cualquier razón en su vida.

Vemos esta manera de operación en la vida de Dadid, entonces veamos la historia de David en 1 Crónicas 17 y repasemos algunos de los elementos claves de lo que dijo con

Palabras Dominantes en Acción

el poder de su lengua. En 1 Cronicas 17:23, el le dice al Señor, "que la palabra que has hablado sea firme para siempre." En la misma respuesta a lo que el Señor le había prometido, "haz como has dicho." En el vericulo 24, David lo siguió al decirle al Señor, que "Permanezca, y sea la casa de tu siervo David firme delante de ti." Continua en el versículo 25 diciendo, "Porque tú, Dios mío, revelaste al oído a tu siervo que le has de edificar casa; por eso ha hallado tu siervo motivo para orar delante de ti."

Dios le dio a David que decir y que orar. David encontró en su corazón que orar y que decir porque se sentaba delante del Señor antes de que empezara a orar y decir algo. Mira en tu corazón, y encontraras por donde empesar sin importar las cosas con las que te enfrentes. Haz un compromiso para vivir en el reino de la adquisición de conocimiento revelado por Dios, después meditalo en tu corazón con consideración sostenida. Y entonces habla lo que crees desde tu corazón con la voz de autoridad.

Cada una de estas afirmaciones que vemos en 1 Crónicas 17 son de alguien que tiene una relacion íntima con el Señor, y alguien que entiende la necesidad de ser un participante activo en la relación. Estas son también las palabras de alguien que ha aprendido que puede liberar autoridad en su vida para invitar a Dios a hacer en la tierra lo que Dios mismo ha prometido hacer. Y David descubrió que decir y que orar al escudriñar su corazón para saber lo que Dios quizo decir el lo que estaba hablando. Nosotros debemos hacer lo mismo.

Pon Tus Palabras a Trabajar

Consideremos el lado de la oración por las cosas una vez más. Sabemos por los escritos de Pablo que debemos dar a conocer nuestras peticiones a Dios. Juan dijo, "Y esta es la confianza que tenemos en él, que si pedimos alguna cosa conforme a su voluntad, él nos oye. Y si sabemos que él nos oye en cualquiera cosa que pidamos, sabemos que tenemos las peticiones que le hayamos hecho." Cuando hacemos lo que David hizo y nos sentamos ante el Señor para oír su corazón y su voz haremos la petición correcta alineada con Su voluntad. Esta es una forma de estar en el Espiritu mientras oramos.

Orando en todo tiempo con toda oración y súplica en el Espíritu, y velando en ello con toda perseverancia y súplica por todos los santos...

Efesios 6:18 RVR 1960

Recordemos por un momento que cuando oramos, debemos tener algo que decir para poder orar. Hay tal cosa como entrar en el espíritu de la oración y pareciera como si un manto te cubriera y tuvieras un gran sentido del enunciado en la oración. También se puede orar en el Espíritu, lo cual se refiere a orar en otras lenguas.

También hay oración en la que uno es guiado por el Espíritu. Esto es cuando dientes la dirección del Espíritu Santo en la oración, y Él te da palabras que fluen de manera rítmica al hablar. Es ese lugar de articulación, donde hablas palabras que ves y sientes en tu corazón. Esto también icluye cuando oramos en otras lenguas, y luego escuchamos en el

Palabras Dominantes en Acción

corazón la interpretación mientras estamos orando, y después lanzamos el entendimiento de nuestras oraciónes en nuestro lenguaje conocido. En este tipo de oración podemos orar en el Espíritu, luego en nuestro lenguaje conocido, y todo el tiempo esperando comprender la interpretación de lo que estamos orando.

Hay momentos en los que ser conducidos por el Espíritu puede suceder si orar en lenguas mientras que entregamos nuestros corazones a Dios y escuchamos con sensibilidad a lo que el quiere que sea hablado y nacido en la tierra. Yo he tenido momentos en los que Dios me indujo a decir una frase reperidamente sobre mi salud y bienestar, mis finanas y provision, mis relaciones y mi ministerio. Yo sabía que Dios me estaba inspirando a hablar en la actualidad frases relevantes y espesificas una y otra vez. Al hacerlo pude sentir la inspiración de Dios en las palabras. Yo estaba consiente de que Dios me había autorizado para hablar palabras para mi beneficio. Entre mas hablaba las palabras que el me daba, mas tenia un sentido de confianza, audacia e impulso espiritual. Sentí su autoridad infundada dentro de mis palabras, y al unisono, sentí que mi autoridad se ponía en práctica en mis oraciones.

Ahora pues, Jehová, tú eres el Dios que has hablado de tu siervo este bien; y ahora has querido bendecir la casa de tu siervo, para que permanezca perpetuamente delante de ti; porque tú, Jehová, la has bendecido, y será bendita para siempre.

1 Crónicas 17:26-27 RVR 1960

Pon Tus Palabras a Trabajar

Cuando hablamos palabras especificamente impulsadas desde el corazón, se libera nuestra autoridad para lo que Dios ha dicho que es permitido y demostrado en la tierra en nuestro nombre. En 1 Crónicas 17:26-27, David dice, "Jehová, tu eres el Dios que has hablado de tu siervo este bien; y ahora has querido bendecir la casa de tu siervo, para que permanezca perpetuamente delante de ti; porque tú, Jehová, la has bendecido, y será bendita para siempre." La misma historia que encontramos en 1 Crónicas 17 también es detallada en 2 Samuel 7. Notemos una vez mas como David invoca la bendición al decir lo mismo que Dios le ha dicho a el. En ese momento, David estaba de acuerdo con Dios, al decir lo que Dios dijo y autorizando la bendición para ser demonstrada y experimentada.

Ten ahora a bien bendecir la casa de tu siervo, para que permanezca perpetuamente delante de ti, porque tú, Jehová Dios, lo has dicho, y con tu bendición será bendita la casa de tu siervo para siempre.

2 Samuel 7:29 RVR 1960

Es muy importante captar la sustancia en estas declaraciones que David hizo-no dejes que el lenguaje se redusca y no dejes que la acción practica de David se desvanesca sin captar lo necesaria que es. No descartes lo que la bendición significa literalmente, y lo que significoo personalmente para David, su familia y la nación. Un significado amplio de lo que aarca ser benecido es ser empoderado para prosperar, avanzar, sobresalir, aumentar y tener la maestría y el dominio

Palabras Dominantes en Acción

en y sobre todas tus circunstancias en espíritu, alma, cuerpo, familia, financieramente, socialmente, vocasionalmente, y ministerialmente, en todos tus pensamientos, palabras, acciones, desiciones, deceos, determinaciones, y destinos.

El ser bendecido por Dios fué y es un nivel extremo de experiencia en la vida, no un comentario de cortesía o un ritual palstico. Esta definición sin duda supera la experiencia típica de los creyentes. Y aun esta realidad esta disponible. La mayoría de la gente asume que la bendición es esta aura que de repente viene sobre una persona de alguna manera, y una persona es endecida o no es bendecida. Todos sabemos que una experiencia súbitamente bendecida marca la vida y la memoria de una persona de una manera notable y evidente. Pero la bendición no es destinada a ser acontesimientos ocasionales que se destacan de las rutinas de la vida.

La bendición esta destinada a ser como una prenda que se usa continuamente a diario como un estilo de vida. La bendición es a veces espectacular pero siempre sobrenatural. Lo que quise decir con esto es que debemos ver las evidencias de ser bendecidos en cosas pequeñas, grandes, y de todos tamaños. La atmósfera en nuestros hogares debe ser bendita. La manera en que hablamos en nuestros hogares a nuestro cónyuge, hijos, padres y hermanos debe contener grados de la definición de bendito compartido anteriormente.

La gratitud en el corazón se revela en palabras de aprecio. Vivimos en una atmósfera de bendición cada vez que expresamos gratitud y aprecio con las personas que vemos todos los días en nuestros hogares. Cuanto más expresamos

Pon Tus Palabras a Trabajar

la gratitud, mas somos bendecidos. El expresar gratitud es una manera de aliviar el estrés y la contienda. Tendras una mejor vida si eliminas las contiendas.

Es fácil esperar que la gente con la que vivimos haga cosas por nosotros en general, o especialmente hacer cosas por nosotros que no disfrutamos o queremos hacer nosotros mismos. El problema es que empezamos a decender a un lugar de sentirnos titulares. Puede resultar demasiado fácil ponernos a demandar directa o indirectamente a que la gente nos sirva, en lugar de apreciar cada cosa hecha para nosotros o por nuestro hogar con unas palabras de "Gracias. Aprecio que hayas lavado los platos, sacado la basura, lavado el bano, aspirado la sala" o cualquier otra cosa que alguien haya hecho directamente por ti o indirectamente por tu hogar.

Es una bendición ser apreciado apropiadamente y regularmente. Un simple y rápido "gracias, aprecio que hayas hecho eso," realiza maravillas en la transformación de una casa y el hogar. Cuando la apresiacion se hace un habito, una cultura de gratitud es cultivada y creada. El hogar se convierte en un lugar de bendición donde la apresiacion es dada y recibida.

¿Recuerdas lo que dijo Pablo acerca de recordar las palabras del Señor Jesús en Hechos 20:35? " y recordar las palabras del Señor Jesús, que dijo: Más bienaventurado es dar que recibir." Es importante notar que el Señor Jesús no dijo "solamente bienaventurado" es dar. Pero si dijo claramente "mass bienaventurado" es dar. El recibir aprecio es bastante beendicion. Pero al dar apresio entre los miembros de la

Palabras Dominantes en Acción

familia, una atmosfera bien definida de bendición comienza a adquirir una forma aun mayor. Al darle al aprecio un lugar muy merecido de expresión sostenida, la cultura del aprecio establece las bendiciones como la característica, la función y el cumplimiento del hogar. ¿Y quién no quiere eso?

La conclusión es que la bendición es una autorización palpable impartida para vivir la vida a un mayor nivel. Hace que el receptor de la bendición y su participante en la bendición funcionen en un plano más alto con mayores resultados. La bendición es algo que puede fluir a travez de la vida de una persona, familia, iglesia, lugar de trabajo, la comunidad, o el gobierno sean la expresión y demostración mas completa del potencial que tienen.

Cuando David asertivamente declaroe en 1 Crónicas 17:23-24 dejar que lo Dios dijo se estableciera en su vida y en la vida de su familia, no estaba siendo un fanfarrón u orgulloso, ni estaba asumiendo un lugar que no le fuera dado. Observa otra vez lo que dijo: "Ahora pues, Jehová, la palabra que has hablado acerca de tu siervo y de su casa, sea firme para siempre, y haz como has dicho. Permanezca, pues, y sea engrandecido tu nombre para siempre, a fin de que se diga: Jehová de los ejércitos, Dios de Israel, es Dios para Israel. Y sea la casa de tu siervo David firme delante de ti."

¿Qué es lo que significa y señala esta frase, "Permanezca, pues"? ¡Significa que estoy deacuerdo con lo que se dijo, así que hazlo, haz que suceda, deja que se cumpla! Estoy diciendo, "!Hagase una demostración y experiencia de lo queDios ha hablado de mi!" Lo que Dios ha bendecido

Pon Tus Palabras a Trabajar

no puede ser maldecido. Tal como Dios dijo, "sea, hágase, produzcan" en el principio, nosotros tenemos un derecho similar de hablar con Dios en acuerdo con Dios, y afirmar con el que damos nuestra autorizcion para dejar que las cosas que el ha hablado de nosotros sean establecidas. Puede sonar extranio, pero mantenlo en el contexto de estar de acuerdo con lo que Dios ya nos ha hablado personalmente, lo que ya ha dado a conocer y hecho claro. Mantenlo en el contexto de que debe coinsidir con las escrituras o directrices y principios que podemos ver claramente en las escrituras.

Lo que David hizo al decir, "Permanezca, pues," literalmente autorizoo y permitioo que Dios fluyera cada una de estas bendiciones pronunciadas en su vida, y en la vida y desarrollo de toda su familia. David deliberadamente dirigió su respuesta para estar en completo acuerdo con la plenitud de la bendición y la vida que Dios le había hablado y prometido. Y como resultado, después de este encuentro con Dios, David se hizo mas exitoso, mas prosperó y mas bendecido.

Después de estas cosas aconteció que David derrotó a los filisteos, y los humilló, y tomó a Gat y sus villas de mano de los filisteos. También derrotó a Moab, y los moabitas fueron siervos de David, trayéndole presentes. Asimismo derrotó David a Hadad-ezer rey de Soba, en Hamat, yendo éste a asegurar su dominio junto al río Eufrates. Y le tomó David mil carros, siete mil de a caballo, y veinte mil hombres de a pie; y desjarretó David los caballos de todos los carros, excepto los de

Palabras Dominantes en Acción

cien carros que dejó. Y viniendo los sirios de Damasco en ayuda de Hadad-ezer rey de Soba, David hirió de ellos veintidós mil hombres. Y puso David guarnición en Siria de Damasco, y los sirios fueron hechos siervos de David, trayéndole presentes; porque Jehová daba la victoria a David dondequiera que iba.

1 Crónicas 18:1-6 RVR 1960

A donde quiera que iba David, y en todo lo que hizo, el Señor lo preservoo. La palabra "preservar" significa "ser liberado, ser salvado en la batalla, salvar de problemas morales y dar victoria a." A donde quiera que David iba, el Señor lo liberaba de sus enemigos, el Señor lo liberaba y lo salvoo de batallas contra oposición física y problemas morales, y el Señor le dio la victoria.

Pero observa en el principio de este reporte en 1 Crónicas 18 comienza con, "Despues de estas cosas." ¿Después de qué? Después de que Dios le presentó una proposición de pacto a David y David aceptoo la proposición con una aceptación verbalmente declarada de los términos. También es importante recordar que David tuvo que hacer su parte de los términos en como vivía su vida. El planeo y actuo estratégicamente, y adquirio del Señor a cada paso del camino. Él usó no una confesión de una vez, sino un patrón declarando la fe en el pacto con Dios y luego actuó como uno con autoridad para vivir en toda la extencion de las bendiciones prometidas. David era un hombre conforme al corazón de Dios, no solo por lo que creía y vivía desde el interior, sino también porque era un hombre de acción

Pon Tus Palabras a Trabajar

que ponía sus palabras en acción. Él hizo que sus palabras funcionaran a su favor, no en su contra. Esto es lo que nosotros también debemos hacer.

Capítulo 9

Pon Tus Palabras a Trabajar Para Ti

Cerraremos este libro con una práctica aplicación de la voz de autoridad, pero primero exploraremos un ejemplo extraido del libro de Job. La vida de Job es un ejemplo del viaje de un hombre de un lugar de temor, autojustificacion, ira, y agitación al de la fé en el Dios todopoderoso, mucho mayor de lo que poseía antes de la corrección de Dios de su perspectiva. Job llega a comprender que Dios es bueno y Dios esta en lo correcto incluso cuando no entiende todo. Nosotros también haríamos bien en permanecer siempre en el lado de Dios. Dios es bueno. El es misericordioso. Su verdad perdura a todas las generaciones, y nunca cambia.

Aunque todo en el libro de Job es verdaderamente declarado, no todo en el libro de Job es una declaración de la duradera y divina verdad. En otras palabras, los eventos y las declaraciones son registrados con presicion, pero algunas de las declaraciones no son cosas sobre las cuales debes basar tu vida o tu visión del mundo. Job inicialmente busco justificarse a sí mismo y cuestionar los métodos de Dios. Aprendió que no estaba calificado para juzgar e instruir a Dios. Es importane que recordemos que Job camino en

Pon Tus Palabras a Trabajar

toda la luz y entendimiento que tenía en ese momento. No tenía en Nuevo Pacto, la sangre de Jesús, la palabra de Dios en forma escrita, la habitación del Espíritu Santo, todos los derechos de una redención consumada, ni la profundidad total de la revelación a la que tenemos aceso. Una vez que se le dio a Job una audiencia con Dios, rápidamente se arrepintió y corrigió sus caminos.

Lo que hay que recordar acerca de Job es que Job presenta una pregunta, pero Jesús es la respuesta. Como Job, nosotros también podemos llegar a una encrucijada en la vida y estar confundidos acerca de que hacer cuando no sabemos porque algo indeseado o malo nos esta pasando a nosotros o a alguien que conocemos. Quiero reiterar, "permanece siempre en el lado de Dios." Dios no es nuestro prolema. El es la solución definitiva y la respuesta a cualquier problema que podamos enfrentar. Podemos aprender de Job, pero no debemos ser discípulos de Job. Somos discípulos de Jesús. No somos comisionados a seguir el ejemplo de Job, excepto en las formas en que se ajusta al ejemplo de Jesús y los principios piadosos extraídos de la Escritura. Jesús es nuestro modelo y ejemplo final de nuestra realidad. Jesús es doctrina exacta y teología perfecta.

También debemos recordar que toda la Escritura es inspirada por Dios y es útil para enseniar, para redargüir, para corregir, y para instruir en justicia. Somos edificados y fortalecidos por la Palabra de Dios, por la palabra de fe y la palabra de su gracia. A veces aprendemos que no decir y

Pon Tus Palabras a Trabajar Para Ti

hacer de los ejemplos dados en las escrituras. Eso también es útil e inspirado por Dios.

Siendo dicho esto, hay un pasaje de Job 22 que genuinamente refleja el corazón de Dios por el hombre en la tierra. Y creo que de todo lo que se ha escrito antes de estas paginas de Pon Tus Palabras a Trabajar, se puede ver una continuidad de pensamiento y congruencia en la filosofía y lo que encontramos aquí en Job, y en lo que podemos ver de otras escrituras en ambos el Antiguo Testamento y el Nuevo Testamento.

Vuelve ahora en amistad con él, y tendrás paz; por ello te vendrá bien. Toma ahora la ley de su boca, y pon sus palabras en tu corazón. Orarás a él, y él te oirá; y tú pagarás tus votos. Determinarás asimismo una cosa, y te será firme, y sobre tus caminos resplandecerá luz.

Job 22:21-22, 27-28 RVR 1960

En el contexto de Job 22, lo tenemos dicho que el camino hacia la prosperidad en las cosas naturales siempre esta pavimentado con prosperidad en cosas espirituales, principalmente y notamblemente enraizada en una relación viva con nuestro Padre Celestial (señalado en Job 22:24-25 con mención del Todopoderoso siendo nuestro oro y plata). En esta relación y a travez de la oración, encontramos la promesa que debemos decretar una cosa y sera establecida. Debemos hacerlo nuestro hábito regular de declarar y decretar las cosas que necesitamos establecidad en nuestras vidas.

Pon Tus Palabras a Trabajar

Tenemos que prestar atención a lo que decimos en forma regular. Escuché a Kenneth E. Hagin decir en un mensaje titulado, Tus Palabras: "Las palabras que hablas te localizan. Las palabras que hablas arreglan los puntos de referencia de tu vida. O pongámoslo en otra manera. Tal vez puedas entenderlo un poco mejor. Nunca te das cuenta de la vida que está más allá de las palabras que hablas." Los "puntos de referencia" son marcas establecidas y limites establecidos. Lo que el hermano Hagin estaba diciendo con su declaración esta de acuerdo con Job 22:28, "Determinarás asimismo una cosa, y te será firme, y sobre tus caminos resplandecerá luz."

Un punto muy crucial para que mantengas es que debes tener las palabras profundamente dentro de tu corazón y una vez que tengas las palabras dentro de tu corazón comiences a proclamarlas, estas comenzaran a levantarse a la superficie. Lo que tú declares y decretes tomara forma y se materializara de tal manera que puedas ver, sentir, y experimentar lo que has estado diciendo desde tu corazón. Rehusate a limitar a Dios o limitar lo que estas diciendo con un reloj o calendario. La llave principal se aloja dentro de continuar a hablar costantemente lo que usted cree desde su corazón a travez de cada anio y estación de la vida.

La prueba de lo que se describe aquí solo viene de la continuidad de hacer lo que se requiere. Al principio de este libro, escribí, "Si quieres algo que te sirva para toda la vida, encontraras pruebas que funcionan en estas páginas, pero puede tomar tiempo y esfuerzo para ver los máximos resultados. Sin embargo, puede estar seguro que cuando la

Pon Tus Palabras a Trabajar Para Ti

verdad este asentada en su corazón, producirá una corriente constante de resultados."

Con esto en mente, y siempre que la ensenianza y la instrucción vienen, es importante poner el aprendiaje a trabajar lo mas pronto posible. ES posible que ya hayas iniciado el proceso y estes viendo algunos resultados, pero como asistente, quiero compartir contigo algunos pasajes de las Escrituras que he declarado, decretado y hablado a travez de los anios y que he encontrado ser vitales para mi propio crecimiento, madurez, y éxito. También he aprendido que es importante construir un hábito con sencillez.

Aquí hay tres pasajes de las Escrituras que puedes usar diariamente para declarar y decretar para ayudarte a iniciar tu día en la voz de autoridad. Los tres pasajes son Salmo 1:1-3, 1 Corintios 13:4-8a en la Biblia de las Americas y Salmo 91. Los tres estan en un tono declarativo y afirmativo como una declaración y decreto personal. Hablandolos uno tras otro, esto te tomaraa aproximadamente cinco minutos o menos.

Cuando hablas de esta manera, estas impartiendo la Palabra dentro de tu día y tu vida, estas cubriendo tu día con substancia espiritual a travez de la fuerza de la fe. Estas liberando tu autoridad para hacer cumplir el tipo de atmosfera y las condiciones que deseas en tu hogar, matrimonio, familia, amistades, relaciones, trabajo, ministerio, y vida. Estas dirigiendo tu futuro hacia nuevos y mejores destinos. Estas saturando tus pensamientos con verdad perdurable. Estas proporcionando el combustible para capacitarte en tu viaje

Pon Tus Palabras a Trabajar

día a día. Estas almacenando y aprovechando la fuente de la Palabra y Espíritu disponibles para ti.

Recuerda que tus palabras llevan influecia y Dios responde a tus palabras que estan en unidad con el y con su palabra. En Daniel 10:10-12, un ángel fué enviado a base de las palabras de Daniel.

Y he aquí una mano me tocó, e hizo que me pusiese sobre mis rodillas y sobre las palmas de mis manos. Y me dijo: Daniel, varón muy amado, está atento a las palabras que te hablaré, y ponte en pie; porque a ti he sido enviado ahora. Mientras hablaba esto conmigo, me puse en pie temblando. Entonces me dijo: Daniel, no temas; porque desde el primer día que dispusiste tu corazón a entender y a humillarte en la presencia de tu Dios, fueron oídas tus palabras; y a causa de tus palabras yo he venido.

Daniel 10:10-12 RVR 1960

Cuando hablas desde una posición de respeto hacia Dios y humildad bajo su cuidado, Dios escucha tus palabras. Asistencia sobrenatural y autoridad divina vendrán con estas palabras. Al usar estos tres pasajes de las Escrituras como parte de tu base fundamental, también encontraras que Dios expande tu comprencion y te impulsa por medio de su Espíritu a hablar otras cosas que son personalmente e inmediatamente relevantes a tu vida.

Escucha atentamente con el oído de sabios y se te dara una palabra a tiempo, tanto para ti mismo como para los que

Pon Tus Palabras a Trabajar Para Ti

estan cansados y debilitados. Tus palabras traerán medidas de fortaleza para ti y para aquellos qie te rodean. Las cosas van a cambiar para ti. Las cosas van a mejorar. Todo a causa de las palabras inspiradas que hablas continuamente desde lo profundo de tu corazón.

Para servir como una señal para que seas constante con esto, te sugiero que copies estas declaraciones en tu propia letra, o escribirlas a computadora e imprimir copias para que las tengas listas visiblemente para que las veas en lugares estratégicos en tu casa, oficína, o auto. Es increíble lo que solo unos minutos un par de veces al día puede hacer cuando "hablas con la voz de autoridad-cuando usas tu voz, liberas tu autoridad y transformas tu vida."

Salmo 1

Soy bienaventurado. No camino en el consejo de los impíos. No me detengo en el camino de los pecadores. No me siento en la silla de los escarnecedores. Sino que en la ley del Señor es mi deleite, y en su ley medito de día y de noche. Soy como árbol firmemente plantado junto a corrientes de agua, que da su fruto a su tiempo, y su hoja no se marchita; en todo lo que hago, prospero. ¡Todo el tiempo!

1 Corintios 13:4-8a

Yo soy tolerante, paciente, y soy bondadoso.

No tengo envidia;, yo no soy jactancioso.

No soy arrogante o vanaglorioso. Yo no me porto indecorosamente.

Pon Tus Palabras a Trabajar

No soy vanidoso, arrogante o hinchado de orgullo. Yo no soy grosero ni irrespetuoso.

No actuo inapropiadamente. Yo no insisto en mis propios derechos ni en mis propios métodos.

No soy egoísta, ni susceptible, irritado o resentido.

No tomo en cuenta el mal hecho hacia mí y no presto atecnion a haber sufrido un mal.

No me regocijo por la injusticia. Me alegro cuando lo correcto y la verdad prevalece.

Soporto bajo cualquier cosa y todo lo que viene.

Estoy siempre listo y creo lo mejor de cada persona.

Mis esperanzas y expectativas en Cristo son inmarchitables bajo toda circunstancia.

Lo soporto todo sin debilitarme.

Nunca fallo, nunca me desvanesco o me hago irrelevante o llego a un final. ¡Nunca!

Salmo 91

Yo habito al abrigo del Altisimo, Yo moro bajo la sombra del Omnipotente.

Te digo, Señor, Tú eres mi refugio, mi fortaleza, mi Dios. En quien confiaré.

Pon Tus Palabras a Trabajar Para Ti

Seguro me libras de la trampa del cazador y de esta pestilencia ruidosa.

Me cubres con tus plumas y bajo tus alas confío.

Tu verdad es mi escudo.

No tengo miedo del terror por la noche, ni de la flecha que vuela de día, ni de la peste que camina en tinieblas, ni de la destrucción de los desechos al mediodía.

Caeran a mi lado mil, y diez mil a mi diestra, mas a mi no llegará.

Solo con mis ojos veré la recompenza de los impíos.

Porque to te he hecho mi Señor, mi refugio, aún el Altísimo mi morada, no habrá mal alguno sobre mi, y ninguna plaga se acercará a mi morada.

Porque tu has dado a tus ángeles cargo sobre mi, y mis angeles me guardan en todos mis caminos.

Mis angeles me llevan en sus manos, para que no golpe mi pie contra la piedra.

Pise sobre el león y el sumador, el león jóven y el dragon pisoteo bajo mis pies.

Porque he puesto mi amor sobre ti, por tanto tú me libras.

Me pones en lo alto porque te he conosido y conozco tu nombre.

Te llamo y merespondes. Estas conmigo en la dificultad. Me liberas y me honrras.

Pon Tus Palabras a Trabajar

Con larga vida me satisfaces y me muestras tu salvación. ¡Siempre!

Como un pensamiento de cierre, quiero dejarte con esto: Un resultado final de esta audacia del discurso que libera palabras autoritaritativas y dominantes es "Levantar a los que estan oprimidos y abatidos, para traer liberación a los cautivos y salvación y luz a aquellos que estan empapados en el pecado y la oscuridad." En la Biblia de las Americas, Job 22:29-30 dice, "Cuando estés abatido, hablarás con confianza y El salvará al humilde, El librará *aún* al que no es inocente, que será librado por la pureza de tus manos."

Para todas las grandes promesas que Dios nos ha dado, siempre hay un propósito final detrás de estas promesas, y no esta destinado a dentenerse solo con nosotros mismos. Nuestra autoridad y cumplimiento de todas las promesas de Dios nos han sido dadas para generosamente darlas a los demás. Podemos experimentar y disfrutar los cumplimientos personalmente, los beneficios mismos de estas promesas, pero la intención de Dios es que los pasemos a alguien más. Así que en cualquier grado que las palabras y esnenianzas en este libro te hayan impactado, pásalo a alguien más.

Crece en el uso de tu voz, en usar tus palabras, con la autoridad dirigida hacia ti desde el corazón de Dios. ¡Usa tu voz, libera tu autoridad y transforma tu vida!

Acerca del Autor

Lance Ivey es un ministro y maestro de tiempo completo a iglesias, escuelas bíblicas, ministerios y empresas de todo Estados Unidos.

Lance ha servido como Director Ejecutivo de Heartland School of Ministry y Director d Educacion Cristiana en Heartland Family Church en Irving, TX. Lance fué Asistende de Direccion y un instructor de tiempo completo en Victory Bible College mientras servia en el Equipo Pastoral en Victory Christian Center en Tulsa, OK.

Antes de esto, Lance enseñó en Rehema Bible Church's Healing School y ayudó a ser pionero del programa de baloncesto de hombres en Rehema Bible College en Broken Arrow, OK, ganando dos Campeonatos Nacionales de colegios bíblicos.

Lance Ivey Ministries
P.O. Box 1127
Roanoke, TX 76262
817-653-2084
www.lanceivey.com
lance@lanceivey.com
Busca la aplicación de Lance Ivey Ministries en las tiendas de aplicaciones Apple y Google.

ORACIÓN DE SALVACIÓN

Dios te ama- no importa quien eres, no importa tu pasado. Dios te ama tanto que dio a su Hijo unigenito por ti. La Biblia nos dice "...para que todo él que cree en el no se pierda, niso que tenga vida eterna" (Juan 3:16 NVI). Jesús entregó su vida y resucitó para que pudiéramos pasar la eternidad con el en el cielo y experienciar su mejor absoluto en la tierra. Si te gustaría recibir a Jesús en tu vida, repite la siguiente oración en voz alta y verdaderamente desde tu corazón.

Padre Celestial, vengo ante ti admitiendo que soy un pecador. Ahora, elijo alejarme del pecado, y te pido que me limpies de toda injusticia. Yo creo en que tu Hijo, Jesús, murió en la cruz para llevar mis pecados. También creo que Él resusitó de entre los muertos para poder ser perdonado de mis pecados y ser justo por medio de la fé en Él. Clamo en el nombre de Jesucristo para que sea el Salvador y el Señor de mi vida. Jesús, elijo seguirte a ti y te pido que me llenes con el poder del Espiritu Santo. Ahora yo declaro que soy un hijo de Dios. Soy libre del pecado y estoy lleno de la justicia de Dios. Soy salvo en el nombre de Jesús. Amen.

Si tú oraste esta oración para recibir a Jesucristo como tu Salvador por primera vez, por favor contactanos en la Web en **www.harrisonhouse.com** para recibir un libro gratis.

O puedes escribirnos a
Harrison House • P.O. Box. 35035• Tulsa, OK 74153

La Vision de Harrison House

Proclamar la verdad y el poder

Del Evangelio de Jesucristo

Con exelencia;

Desafiando a Cristianos a

Vivir victoriosamente,

Crecer espiritualmente,

Conocer a Dios Íntimamente.

Connect with us on
Facebook @ HarrisonHousePublishers
and Instagram @ HarrisonHousePublishing
so you can stay up to date with news
about our books and our authors.

Visit us at **www.harrisonhouse.com**
for a complete product listing as well as
monthly specials for wholesale distribution.

www.ingramcontent.com/pod-product-compliance
Lightning Source LLC
LaVergne TN
LVHW051115080426
835510LV00018B/2059